筋生理学で読みとく

トレーニングの科学

石井直方（東京大学名誉教授）
Ishii Naokata

企画協力

特定非営利活動法人
日本トレーニング指導者協会

草思社

まえがき

健康の維持増進のために運動・トレーニングの重要性が増しています。生活習慣病の予防という観点では、適切な強度と量の有酸素運動が効果的であることが古くから認められ、疑う余地はありません。一方、世界的な高齢化を背景に、近年では健康寿命の延伸が重要視されるようになってきました。そのための要件の一つとして、活発な日常生活をおくるための筋・骨格系の機能の維持増進が挙げられます。医科学の分野でも筋力トレーニングをはじめとするレジスタンス運動の有用性が注目され、多くの研究が行われるようになってきています。

有酸素運動は、呼吸・循環系や代謝系の機能改善に明らかな効果があり、そのメカニズムも運動生理学の主要なテーマの一つとしての長い歴史があります。運動プログラムについても、１９７０年代には概ね確立されたといえるでしょう。有酸素運動の生理学的基盤が酸素摂取量であることから、一見難しそうに感じますが、運動プログラムでは相対的運動強度を分時心拍数、容量を運動継続時間や走行距離などで単純明快に表記することが可能です。ウオーキングやジョギングなど、身近で取り組みやすい運動が多いことも利点です。

一方、筋力トレーニングに関する研究は大きく遅れをとってきました。特にトレーニングプログラムについては、1980年代後半に体系化されたとはいえ、これは主に経験に基づいたものといえるでしょう。その後、臨床医学や運動生理学の分野で筋力トレーニングに関する研究が徐々に増えてきましたが、それらの研究では、まず筋力増強や筋肥大という効果を上げることが重要なため、すでに体系化された「無難な」プログラムが用いられました。

さらに「後続の研究も先行研究にならって……」という繰り返しによって、この初期のプログラム体系のエビデンスレベルも向上しました。特に、筋力増強と筋肥大という、筋力トレーニングに最も望まれる効果を得るために中~高負荷強度が必要であるということは、「揺るぎのない」ものとみなされました。

私自身も、ボディビル選手としての現役時代は、高負荷強度のトレーニングを好んで行っていましたので、自身の経験に照らしても、この初期のプログラム体系は基本的には正しいものと考えています。実際、筋力トレーニングに関する研究を始めたときの最初のテーマは、「効果を増強するために、いかに強い力学的ストレスを筋肉に与えるか」というものでした。

しかし今世紀に入り、筋力トレーニングの対象が虚弱高齢者、有疾患者、子どもにまで広がると、運動器や呼吸・循環器に過度の負担をかけずに効果をそれなりに上げることが求められるようになりました。特別な器具を使わず、自宅などで安全に行えるものであればさらに理想的です。

私の研究室では、こうした社会的要請を見越して、1990年代の後半から、「低負荷強度筋力トレーニング」に関する研究を行ってきました。その成果として、「筋血流制限下でのトレーニング」や「筋発揮張力維持スロー法（スロトレ）」に関する多数の研究論文を報告してきています。これらは、筋内環境の変化や動作のスピードなどを工夫することで、低負荷強度でも十分な筋肥大や筋力増強が起こることを示しています。

さらに2010年頃になると、通常の動作のトレーニングの場合でも、きわめて大容量（反復回数×セット数）を行うことによって、従来のプログラム体系では筋肥大や筋力強化も期待できないような低負荷強度で効果が得られることが判明しました。

これらのことは、従来のように中〜高負荷強度を必要条件と考える必要はなく、負荷強度、容量、動作スピード、セット間休息時間などをさまざまに工夫することで、対象者の状況に合わせた多様なプログラムが可能となることを示唆しています。

本書はこのような流れを受け、運動・トレーニングの研究者や指導者を主な対象として、日本トレーニング指導者協会（ＪＡＴＩ）の機関誌に連載した記事をまとめたものです。特に、現場でのプログラム作成を念頭に置き、動物実験とヒトを対象にした研究に基づいて理論面と実践面の両面からアプローチしています。

専門的な内容も含まれますが、なるべく平易でわかりやすい記述を心がけましたので、これから研究者や指導者を志す方、スポーツ競技選手、トレーニング愛好家の方などにも是非お読みいただければ幸いです。トレーニングに関して日頃から抱いている疑問や、「経験的に受け入れているが、よく考えると理由がわからない」といった疑問の解消に、必ず役に立つものと確信しています。

石井直方

目次
CONTENTS

目次

CONTENTS

推薦のことば

石井直方先生は、究極の文武両道の人です。世界的にも著名な筋生理学の研究者であり、トップボディビルダー／パワーリフターとして、数々の国際コンテストに優勝されてきたアスリートでもあります。

私が石井先生と初めてお会いしたのは30年以上前、日本トレーニング指導者協会初代理事長である故窪田登先生を囲む会の場でした。それは、〝窪田マッスルアカデミー〟という、窪田先生の教え子たちであり、日本を代表するストロングマンの方々が集う会でした。教え子の中でも末席だった私は、ベテランの先輩方の迫力に圧倒され萎縮していたものです。その中に、石井先生も出席されていました。

石井先生は当時、現役バリバリのトップボディビルダーとして活躍されておりました。歓談が大いに盛り上がったその最中、窪田先生が突然、「石井君、ちょっとポージングをしてみなさい」と仰いました。石井先生はスーツ姿でしたが、スーパーマンの変身のごとく、直ちにジャケットを脱ぎ、ワイシャツ、ネクタイをとって上半身裸となり、いくつかのポージングを披露されました。いきなりのポーシングで、オイルもパンプアップもない素の状態でしたが、その筋肉量、厚み、バルク、血管みなぎるストリエレーション、骨格の太さは、今でも強烈かつ鮮明な記憶として残っています。圧巻のポージングショウで、その迫力にただただ、圧倒されました。

その後、石井先生とはＮＳＣＡジャパンの役員として石井先生が理事長、私が理事として業務をご一緒させていただき、さらにＪＡＴＩの立ち上げから現在まで、ご縁が続いております。私が編集長を務めている機関誌『ＪＡＴＩ　ＥＸＰＲＥＳＳ』でも、長期にわたり筋生理学とトレーニングに関する連載をお願いしてまいりました。

本書は、その『ＪＡＴＩ　ＥＸＰＲＥＳＳ』での連載原稿に、最新の研究知見を新たに加えて編集した内容となっています。基礎的な内容から専門知識、トレーニングプログラム作成までが、エビデンスを基に解説されています。トレーナーやトレーニング指導者の専門職だけでなく、筋力トレーニングやスポーツの愛好家の方々にも必読書となることは言うまでもありません。

国際的な実践者であり、研究者でもある石井先生の英知の結晶ともいえる本書を推薦させていただけることを、心より光栄に思います。

日本トレーニング指導者協会 理事長代理、広報・企画委員会委員長

有賀雅史

カバー&本文デザイン
山崎裕実華
編集
光成耕司
協力
日本トレーニング指導者協会

chapter 0

まず「標準プログラム」から考えよう

その生理学的根拠とエビデンス

ここ15年ほどの間に、
レジスタンストレーニングの研究は
著しく進歩してきた。
本書では、レジスタンストレーニングの
プログラムを理解するために必要な
生理学的基礎を解説するとともに、
トレーニングの現場で発生する
さまざまな疑問の解消につながる
先端的研究の成果について紹介していく。

はじめに：本書の目標

私がレジスタンストレーニングを研究テーマとして取り組み始めたのは１９９０年のことでした。当時はまだアメリカ合衆国においても、レジスタンストレーニングはパワー系競技の補強やコンディショニングとしては有用であるものの、一般人の健康づくりにはポジティブな効果は及ぼさないと考えられていました。

しかしその後の30年の間に、さまざまな面での骨格筋の重要性が認められ、今ではあらゆるスポーツの補強から、生活習慣病の予防、高齢者の健康づくりなどを目的として、あたりまえのようにレジスタンストレーニングが行われるようになりました。『みんなで筋肉体操』のような番組が大ヒットする世の中になろうとは、30年前には想像すらできませんでした。

多様な人たちが多様な目的で「筋肉づくり」を行うようになると、当然そのための方法論も多様化してくるでしょう。実際、さまざまなトレーニング法やトレーニングプログラムが考案され、書籍やウェブ上で発信されています。なかには首を傾げたくなるものも多く見られます。氾濫する情報をフォローするだけでも大変です。指導者としてはまず、それらの方法が理にかなっているかを判断するために、生理学やバイオメカニクスの基礎知識を持っておくことが必要でしょう。

一方、指導者講習やセミナーなどで、トレーニング指導書にも載っている基本的トレーニングプログラムに関連した質問を受けることがよくあります。

例えば、「1回のトレーニングで同一種目を5セットと15セットではどちらの方が多少なりとも効果が高いですか？」「同じトレーニングを毎日行うと、1回のトレーニング量が少なくてもオーバートレーニングになってしまいますか？」などです。いずれも、「少しでも効果を高める」ことを望むなら当然生まれてくる疑問かもしれません。しかし、こうした疑問に対し、エビデンスに基づいて正確に答えることは至難の業といえます。

幸い、ここ15年ほどの間に、レジスタンストレーニングの効果の仕組みを、分子レベルまで立ち入って解明するための実験系や方法論が著しく進歩してきました。さらに、これらを用いて、特定のトレーニングプログラムに効果があるかを即時に調べたり、より効果的なプログラムを開発したりすることが可能となってきています。

本書では、レジスタンストレーニングのプログラムを理解するために必要な生理学的基礎を解説するとともに、トレーニングの現場で発生するさまざまな疑問の解消につながる先端的研究の成果について紹介していきます。

まず教科書に載っている基本的プログラムの検証から始めたいと思います。

プログラム変数と「標準プログラム」

トレーニングのプログラムには多くの要素が含まれます。これらを「プログラム変数」と呼びます。プログラム変数を設定して「処方」を作れば、理想的にはそれをもとに世界中の誰でも「同じ」トレーニングをすることが可能です。特に重要な変数は、種目（取り組む順番を含む）、強度、量、頻度、期間、セット間休息時間、種目間休息時間、動作速度（挙上、降下それぞれ）などです。

「標準プログラム」という定まった用語があるわけではありませんが、ここでは、「特定の目的を達成するために最も広く用いられているプログラム」としましょう。目的に関しては、レジスタンストレーニングを最も特徴づける効果として「筋肥大と相応した筋力増強」を中心とします。

今回はプログラム変数として、「三要素」ともいわれる、強度、量、頻度を中心に扱います。その他の変数については、一般的な動作速度（挙上、降下それぞれ1秒程度）、2分程度の休息時間、10週以上の期間とし、例外的な場合は後の章で考察します。

表1は、アイソトニックトレーニング（一定の重量負荷を上げ下げするフリーウエイトおよびマシントレーニング）における、負荷強度、最大反復回数（RM）、主効果の関係を示しま

表1

アイソトニックトレーニングにおける
負荷強度、最大反復回数(RM)、主効果の関係
Fleck & Kraemer, 1987より改変

負荷強度(%1RM)	RM	主たる効果
100	1	筋力増強
95	2	筋力増強
93	3	筋力増強
90	4	筋力増強
87	5	筋肥大
85	6	筋肥大
80	8	筋肥大
77	9	筋肥大
75	10〜12	筋肥大
70	12〜15	筋肥大
67	15〜18	筋肥大
65	18〜20	筋持久力
60	20〜25	筋持久力
50	〜30	筋持久力

※RM:repetition maximum

す。この表は、1987年に出版されたもので、いくつかのトレーニング実施研究の結果と、集積された実践的データに基づいています。

「筋肥大」に効果的な負荷強度は70～85％1RM（1RM：最大挙上重量）の範囲で、80％1RMが代表的値といえるでしょう。この負荷強度での最大反復回数（RM）は8回程度で、1セット内でRMまで反復するのが原則です。

経験的に1セットでは効果が小さいため（複数セットの方が効果的という生理学的エビデンスは後の章で紹介します）、「80％1RM×8回×3セットを2～3回／週」が「標準プログラム」に相当するものとして用いられてきました（「8RM×3セット」でもよい）。なお、頻度としての2～3回／週も経験則といえますが、その生理学的エビデンスも後の章で紹介します。

負荷強度と効果に関する生理学的説明

研究者としては、標準プログラムのもととなっている表1の生理学的妥当性を説明する必要があります。この表が示された1990年前後の時点での生理学的知識に基づいて考察してみましょう。キーポイントとなるのは、筋線維タイプ別の「動員様式」です。

筋線維には遅筋線維であるタイプⅠと速筋線維であるタイプⅡがあります。タイプⅡ線維はさらに、速度の遅い順にタイプⅡa、Ⅱx、Ⅱbの3種のサブタイプに分けられます。ラットなどではこの3つのサブタイプが存在しますが、ⅡaとⅡbがメジャーです。ヒトではタイプⅡbはほとんど存在せず、ⅡaとⅡxがメジャーです。

図1は、一定期間のトレーニング後に休止（ディトレーニング）を行った場合の、トレーニング期の1日当たりの筋肥大率と休止期の1日当たりの筋萎縮率の関係を筋線維タイプ別に示したものです。

肥大率も萎縮率もタイプⅡの方がタイプⅠにくらべて3倍ほど高いことがわかります。つまり、トレーニングによる筋肥大は主にタイプⅡ線維で起こるということになります。アナボリックステロイドによる筋肥大はタイプⅠ線維優位に起こりますが、これについては改めて解説します。

タイプⅡ線維を肥大させるための最低要件は「タイプⅡ線維を使うこと」です。そして、随意収縮でタイプⅡ線維を動員するためには、大きな力発揮が必要です。通常の筋力発揮の場合、まずサイズの小さな運動単位（1個の運動ニューロンとそれが支配する筋線維の集団）から動員され、筋力発揮の増大とともに次第にサイズの大きな運動単位が付加的に動員されます。これを「サイズの原理」といいます。小さな力を調節するためには、力発揮の小さな運動単位を

図1

標準的なレジスタンストレーニングによる
1日当たりの筋肥大率（横軸）と
トレーニング休止後の1日当たりの筋萎縮率（縦軸）の関係。
先行研究9編の結果をまとめたもの。
Ogasawara, 2012

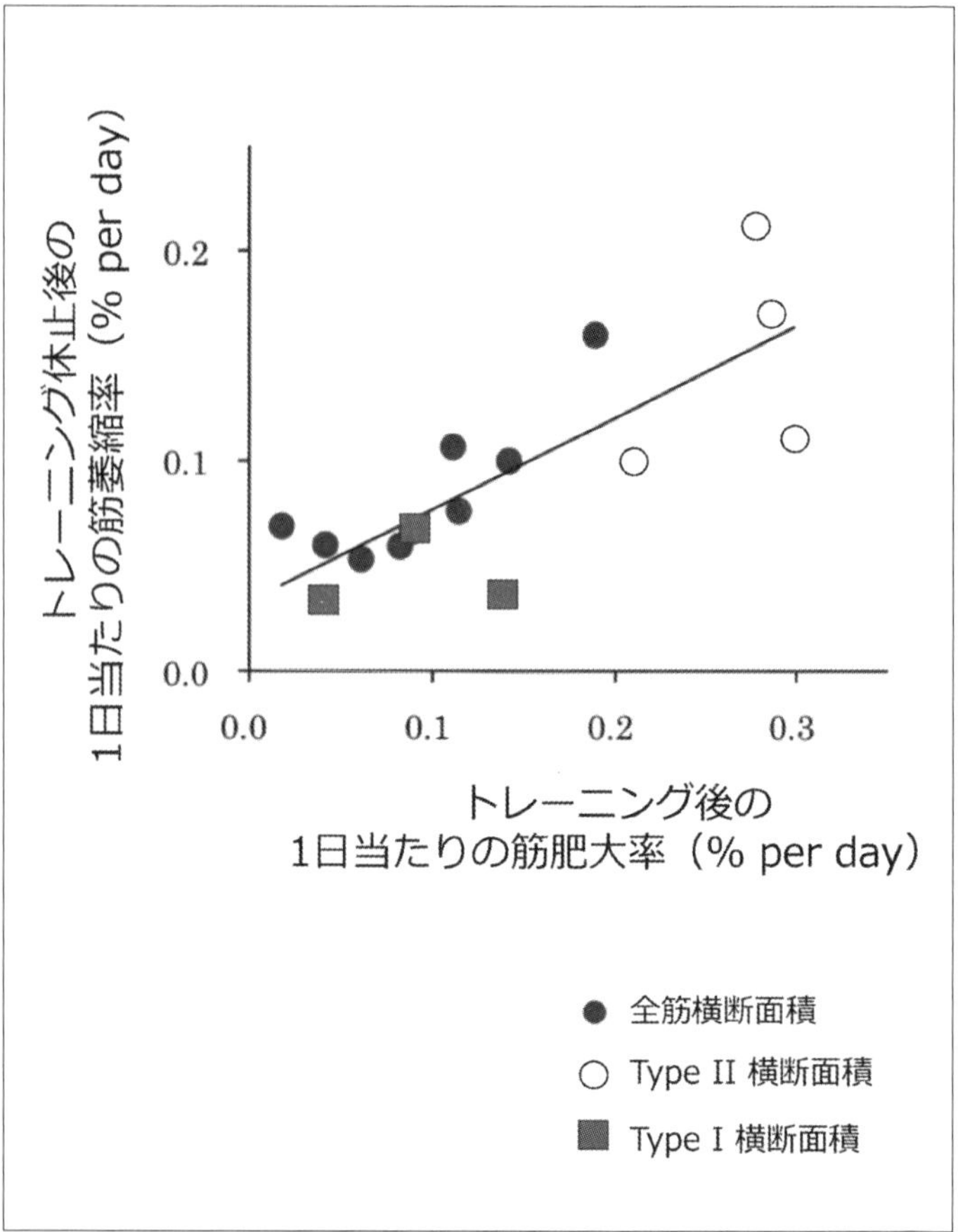

増減するのが理にかなっているわけです。そして、小さな運動単位は主にタイプⅠを、大きな運動単位は主にタイプⅡ線維を支配しています。

このサイズの原理に基づいて、トレーニング動作時の筋線維タイプ別（Ⅰ、Ⅱa、Ⅱx）の動員パターンを模式化したものが図2です。筋力発揮レベルは、等尺性最大筋力（MVC）に対する割合で示します。平均的なヒトの平均的な筋を想定し、タイプⅠ：タイプⅡ（数の割合）は50：50程度、筋線維当たりの出力

図2

通常の筋力発揮における筋線維タイプごとの動員パターン。
サイズの原理をもとに模式化したもの。

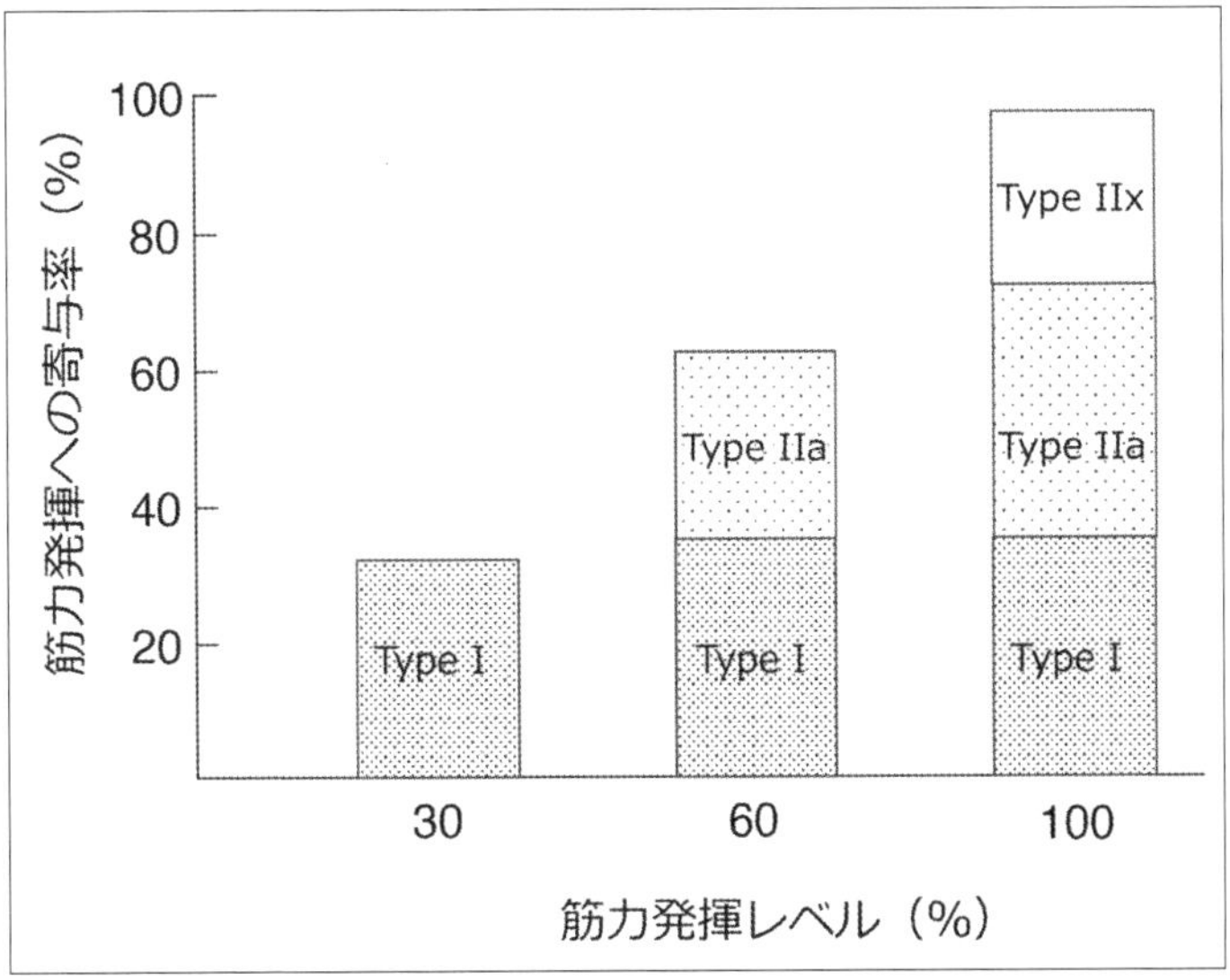

はタイプⅡの方がⅠに比べて１・５倍ほど大きいと考えます。１００％１ＲＭは85％ＭＶＣ程度に相当しますので、強度80％１ＲＭは70％ＭＶＣ、60％１ＲＭは50％ＭＶＣあたりになるでしょう。

この図から、まずタイプⅡ線維を動員するためには大きな筋力発揮、すなわち高負荷強度が必要なことがわかります。それでは、１００％１ＲＭが最も多くのタイプⅡ線維を動員させるのにもかかわらず、なぜ筋肥大には80％１ＲＭの方が効果的なのでしょうか。その答えはおそらく「量」（トレーニング容量）の違いにあります。

挙上距離を一定とすると、１００％１ＲＭで1回の容量は１００×１＝１００（％１ＲＭ・回）、80％１ＲＭで8回の容量は80×８＝６４０となりますので、負荷を8割に減じることで容量は６・４倍にもなります。したがって、単にタイプⅡ線維を動員さえすればよいのではなく、「十分に使い込んで疲労させる」ことが重要であることが示唆されます。

１００％１ＲＭやそれに近い強度では、ごくわずかな筋疲労が生じただけで挙上終了に陥りますので、神経系における調節機能が主効果となります。このように、負荷強度と効果の関係は、生理学的にある程度説明が可能です。

山のようにある「エビデンス」

一方、標準プログラムが効果的であるという疫学的エビデンスは山のようにあります。最近の研究例として、Leeら（2017）によるメタ解析を紹介しましょう。

彼らは、高齢2型糖尿病患者に対するレジスタンストレーニングの効果に関して、適切と判定された8件の介入研究の結果を分析し、トレーニングが筋肥大と筋力増強に加え、糖代謝機能の向上をもたらすと結論付けています。

このメタ解析の対象となった研究で用いられたトレーニングプログラムは、多少のバリエーションはあるものの、75〜85％1RM×7〜10回×3セット×2〜3回／週の範囲に入る標準プログラムといえます。同様の研究は一般高齢者を対象としたトレーニング効果についても行われており、やはり標準プログラムが筋肥大と筋力増強に効果があると結論付けられています。

こうしたメタ解析は、特に臨床系の疫学研究において最もエビデンスレベルの高いものとされています。したがって、対象が有疾患者や高齢者に限られている点に考慮が必要ですが、標準プログラムの効果については十分に検証されているといえるでしょう。

「筋肥大」に効果的な負荷強度は
70〜85%1RM（1RM：最大挙上重量）の範囲で、
80%1RMが代表的値といえる。

「確実なプログラム」は「最も効果的なプログラム」ではない

しかし、上述のエビデンスが「何に対しての」エビデンスであるかに注意する必要があります。Ｌｅｅらの研究の場合、「レジスタンストレーニングが糖尿病患者の筋機能と糖代謝向上に効果があるか」が主命題で、プログラムの内容と効果の関係はそれほど重要ではありません。結果的に分析対象となったすべての介入研究が、標準プログラムを用いていたということです。

それぞれの研究が「確実に効果を上げる」ことを狙い、先行研究を参考にして標準プログラムを用いる傾向がありますので、当然の成り行きといえます。結果的に、「標準プログラムの効果のエビデンス」は再生産的に増えていくと思います。

したがって、標準プログラムは「確実に効果を上げる」プログラムといえますが、必ずしも「最も効果的なプログラム」、あるいは「対象者にとって最適のプログラム」とはいえない点に注意が必要です。

こうした観点から、標準プログラムを「比較対照群」のひとつとして、別のプログラムの効果を検討する研究が重要となりますが、残念ながらそのような研究はまだ少ないのが現状です。

次章から、強度、量、頻度などのそれぞれの変数について、もう少し詳しく見ていくことにしましょう。

復習ポイント

トレーニングのプログラムには、
種目、強度、量、頻度、期間、セット間休息時間、種目間休息時間、動作速度など多くの要素が含まれる。これらを「プログラム変数」と呼ぶ。

標準プログラムは「確実に効果を上げる」プログラムといえるが、必ずしも「最も効果的なプログラム」、あるいは「対象者にとって最適のプログラム」とはいえない点に注意が必要。

chapter 1

トレーニング効果をどうやって測り比較し予測するか

本書では、強度、量、頻度、
その他のプログラム変数を
さまざまに変えた場合の効果について、
筋生理学に基づいて考察・推論していく。
まず本章では、基礎的知識編として、
トレーニング効果の定量化、
比較、予測の方法と
それらの限界について解説する。

はじめに

前章では、筋肥大と筋力増強の両方を目的とした場合、教科書的には80％1RM（1RMは最大挙上負荷）×8回×3セット×2～3回／週というトレーニングプログラムが「標準法」といえること、その効果については生理学的に説明可能であり、また多くの実験的エビデンスがあることをお話ししました。

一方、トレーニング現場の指導者や選手からすれば、この「標準プログラム」は常に最適というわけではなく、「必要最小限」に近いのではないかと思います。

実際、私がボディビルの現役選手だった頃、ベンチプレスだけで15セット行っていたこともあります。これが良いか悪いかは後の機会に改めて取り上げますが、選手としては、もし「標準法の5倍の量のトレーニングをやれば、5％だけ効果が加算される」ことが期待されれば、それを行いたいと思うでしょう。人と同じことをやっていては勝てないからです。

本書では、強度、量、頻度、その他のプログラム変数をさまざまに変えた場合の効果について、筋生理学に基づいて考察・推論していきます。いろいろな研究手法や考え方が登場してきますので、本章ではまず、そのための基礎的知識編として、トレーニング効果の定量化、比較、予測の方法とそれらの限界について、例を挙げながらお話しします。

ヒトを対象とした「トレーニングの長期効果」

実際のトレーニングプログラムの有効性を示す最も確かなエビデンスは、当然ヒトを対象としたトレーニングの長期効果に関する研究から得られます。

図1にその一例を示します。これは私たちの研究ですが、標準的な高強度トレーニング（〜80％1RM×8回×3セット）、低強度の筋発揮張力維持スロー法（LST法：いわゆる「スロトレ」：〜50％1RM×8回×3セット）、低強度の通常速度トレーニング（〜50％1RM×8回×3セット）の3種のプログラムの筋肥大効果を比較したものです。対象は若齢者で8名×3グループ、種目はレッグエクステンション、頻度は2回／週、期間は3ヵ月でした。トレーニング期間の前後の大腿部MRIの横断画像（図上段）から大腿四頭筋の横断面積を測定し、トレーニング前後の変化率としてグラフに示しました（図下段）。

標準的な高強度トレーニングは、平均で5％程度の有意な筋肥大をもたらしました。スロー法でも有意な筋肥大が起こり、一見その程度は高強度より高いように見えますが、2群の間に有意差はなく、「高強度と同様の効果」と結論づけられました。これに対し、低強度の通常速度トレーニングでは、トレーニング前後で有意差がなく（グラフ上では若干肥大しているように見えますが、統計学的に有意ではありません）、しかも、他の2群に比べて有意に効果が小

図1

ヒトを対象としたトレーニングの長期効果例。
大腿部MRI画像(上段)から対象筋(大腿四頭筋)の横断面積を測る。
3種類のプログラム実施群の間での肥大率の比較(下段)。
棒は標準偏差、*は統計学的有意差($P<0.05$)を示す。
Tanimoto & Ishii, 2006 より改変

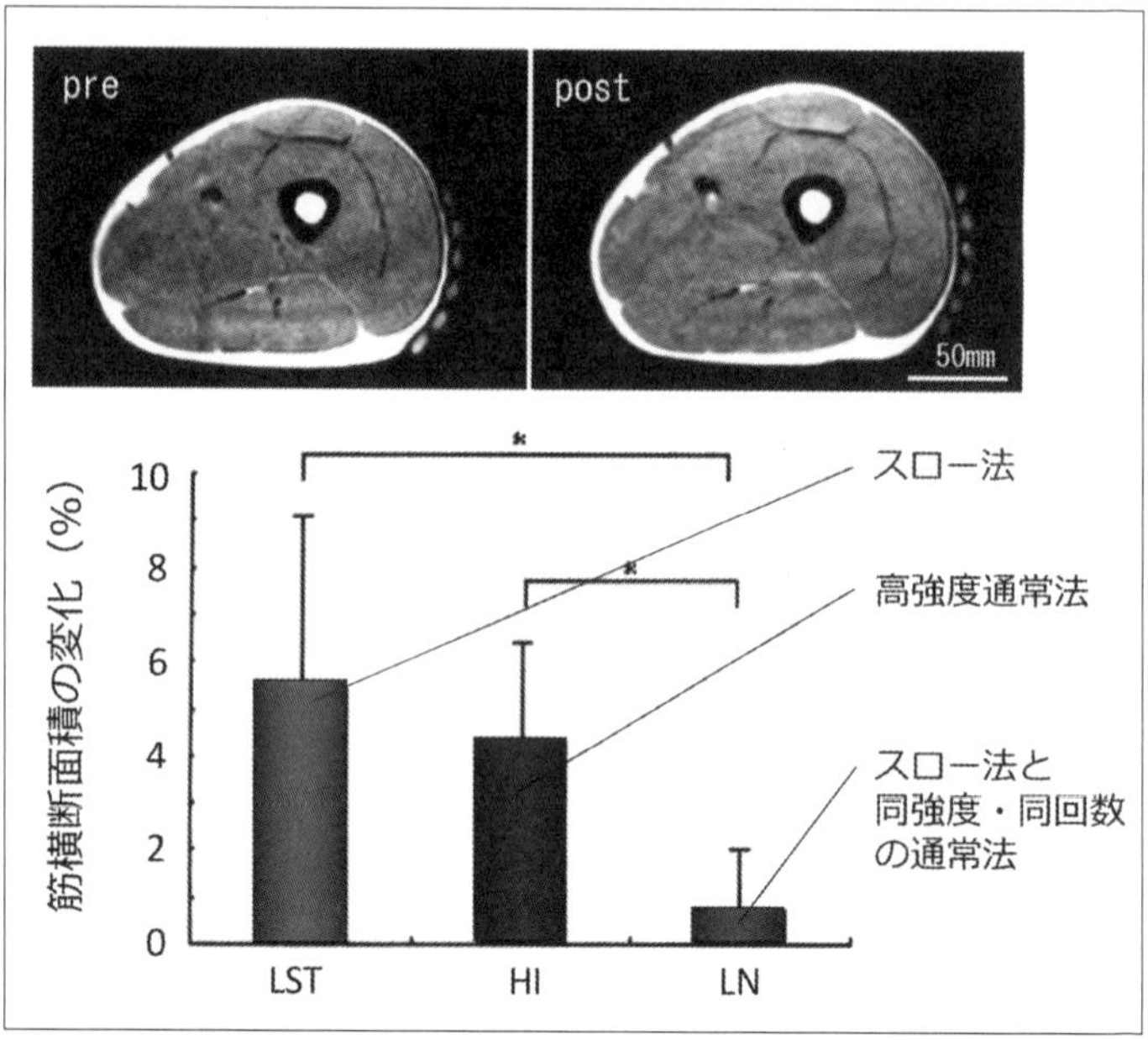

さいという結果になりました。

ここで、2つの点に注意する必要があります。ひとつは、50%1RM×8回×3セットの低強度の通常速度トレーニングが、現場ではあり得ないような「甘いトレーニング」になっているることです。これは、「動作速度のみを変えた場合の効果」を比較するための研究上の都合によります。したがって、この研究から「低強度の通常速度トレーニングは筋肥大効果がない」とはいえません。

2つ目は、「なぜスロー法と高強度で差が出なかったか」という点です。それは主に、長期実験では、食習慣や生活環境などの個人差の影響を強く受けてしまうため、微妙な効果の大小を検出することが難しくなるからです。被験者数を大幅に増やすことで、そうした個人差を力ずくで均等化してしまうことも可能ですが、大変な労力を要します。この研究では、「同じくらい効果があった」ことで十分とみなしているわけです。当時としては、50%1RMという低強度で80%1RMの標準プログラムと同程度の効果をもたらす方法があり、それが「スローで行う」ということだったというだけでも新たな発見でした。

スロー法の効果のメカニズムについては、機会を改めて詳述しますが、ここではまず、ヒトを対象とした長期実験では、微妙なトレーニング効果の違いを示すことは容易でないということを理解していただければと思います。

急性効果から長期効果を予測する

運動直後の急性の生理応答からトレーニングの長期効果が予測できれば、さまざまなプログラムの効果を短時間で効率よく比較できるかもしれません。そのような発想は古くからあり、以下のようにさまざまな指標が考えられてきました。

●**血中ホルモン濃度**：１９８０～90年代によく調べられた指標です。当時は、成長ホルモンやテストステロンのアナボリックな効果がトレーニングによる筋肥大に重要と考えられており、トレーニングセッションの前後でこれらのホルモンの血中濃度を測定した研究が多くあります。

例えば、運動後のこれらのホルモンの血中濃度は、筋肥大のための標準プログラム（80％１ＲＭ）では、高強度のプログラム（90％１ＲＭ以上）に比べ圧倒的に高くなります。トレーニングの教科書などでもこの点が述べられていると思いますが、これらのホルモン分泌と筋肥大効果の間には、相関関係はあっても因果関係があるかは明らかではありません。

つまり、「筋肥大効果の大きなプログラムは同時にホルモン分泌を刺激する効果も大きい」という可能性があります。したがって、これらのホルモンの分泌を強く促すプログラムほど筋肥大効果が大きいとは必ずしもいえないという点に注意が必要です。

●**血中乳酸濃度**：血中乳酸濃度は、「速筋線維」の動員の指標となります。前章でお話ししたように、トレーニングによって肥大するのは主に速筋線維ですので、血中乳酸濃度の上昇は、長期効果を予測するひとつの指標になりうると考えられます。

実際、上に述べた研究では、運動後の血中乳酸濃度は高強度トレーニングと低強度のスロー法でほぼ同じになりました（図2）。

一方、高強度の有酸素運動でも、血中乳酸濃度はこの実験で示されている10mM（mmol/L）程度かそれ以上にまで上昇することがありますので、やはり血中乳酸濃度のみ

図2

図1で示した3種のプログラム後の血中乳酸濃度。
棒は標準偏差、†と††はそれぞれ●と□、○と□の間の統計学的有意差（$P<0.05$）を示す。Tanimoto & Ishii, 2006

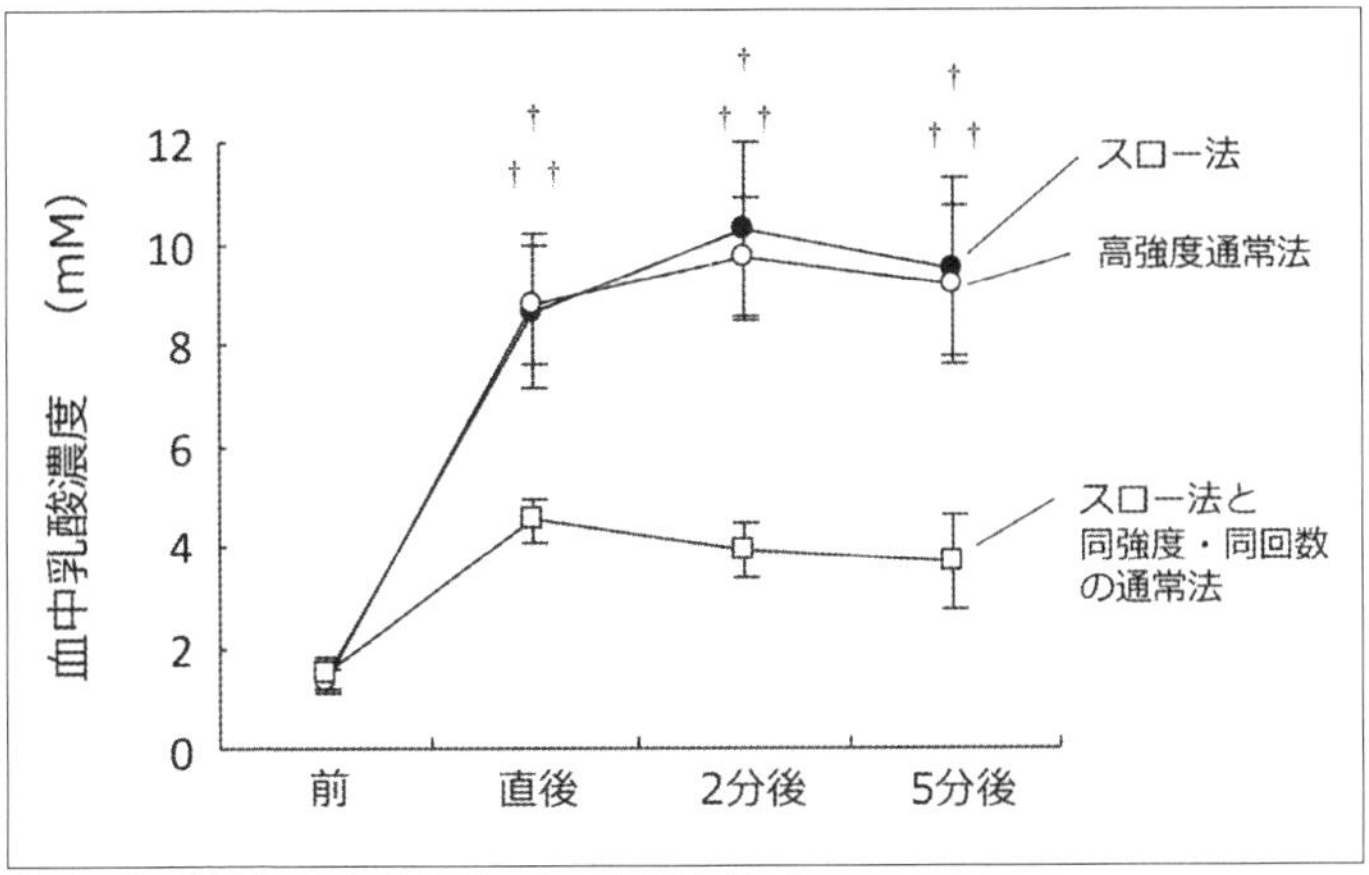

からレジスタンストレーニングとしての効果の大小を判断することは適切とはいえません。

筋疲労度：筋疲労度は今後の研究次第では、かなり有望な指標と考えられます。運動によって筋力が低下したことは、疲労耐性の低い速筋線維が多く動員されたことを示唆するからです。単純には、運動後の筋力低下の大きなプログラムほど筋肥大効果が期待できる可能性がありま す。一方、筋線維、神経筋接合部、運動ニューロン、運動中枢など、さまざまなレベルで疲労が生じますので、それらを区別する必要があります。

近年では、筋に単発の電気刺激を与え、発生する「単収縮」の大きさを分析することで中枢性疲労と末梢性疲労を分離する手法が開発されてきていますので、このような手法を用いた研究が期待されます。

筋タンパク質合成：トレーニング刺激によって、筋線維内では筋タンパク質の合成が活性化し、その累積効果によって筋線維の肥大が起こります。したがって、1回の運動後のタンパク質合成反応が大きなプログラムは、長期的効果も大きいことが期待されます。

図3は、トレーニング刺激からタンパク質合成に至る主要な経路（mTORC1シグナル伝達系）の概略を示したものです。この経路では、mTOR（mTORまたはmamma-

図3

トレーニング刺激から筋タンパク質合成の活性化を経て
筋線維の肥大に至る化学反応経路の一部(mTORシグナル伝達系)。
急性効果1〜3を測ることで長期効果を推測できる。

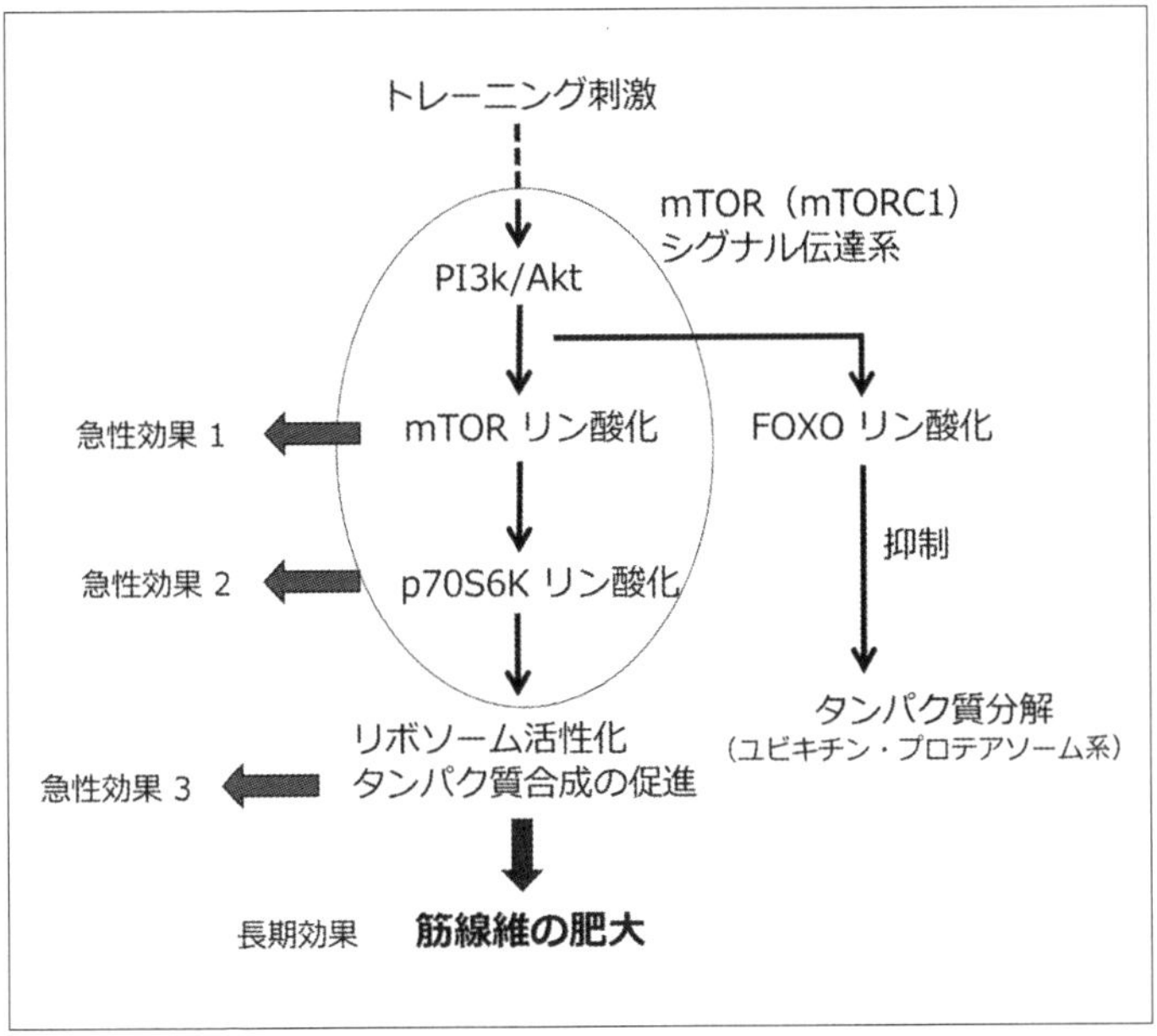

lian Target of Rapamycin）、p70S6Kなどのシグナル伝達タンパク質のリン酸化が順次起こり、最終的にリボソームのスイッチがオンになって筋タンパク質合成が活性化します。mTORやp70S6Kのリン酸化の程度（図中の急性効果1、2）は微量の筋生検（バイオプシー）があれば測れます。

また、通常の生体内には存在しない炭素の同位体（^{13}C）で標識したアミノ酸を予め摂取させておき、筋タンパク質への^{13}Cの取り込み量を測れば筋タンパク質合成量（急性効果3）を推定できます。トレーニング前後でバイオプシーを繰り返し採取して筋タンパク質合成を測り、筋肥大効果を予測する研究も外国では行われています。ただし、このような研究は侵襲性がきわめて高いため倫理上の制約が強く、日本では実施不可能でしょう。

動物を用いたトレーニングモデルの活用

本書では、動物を用いた実験結果も数多く紹介します。動物実験には、筋線維内のシグナル伝達系やタンパク質合成などを調べやすいという利点があります。一方、最大の問題は、動物がレジスタンストレーニングをしてくれないことです。

私たちの研究グループでは、図4に示すような「動物のレジスタンストレーニングモデル」

図4

動物(ラット・マウス)を用いたレジスタンストレーニングモデル。
上から(A)および側面から(B)の写真。
麻酔下で腓腹筋に電気刺激を与える。
Cは非トレーニング側、
Dはトレーニング側のトレーニング後の筋の顕微鏡写真(横断面、ラミニン染色)。
Ogasawara et al., 2016

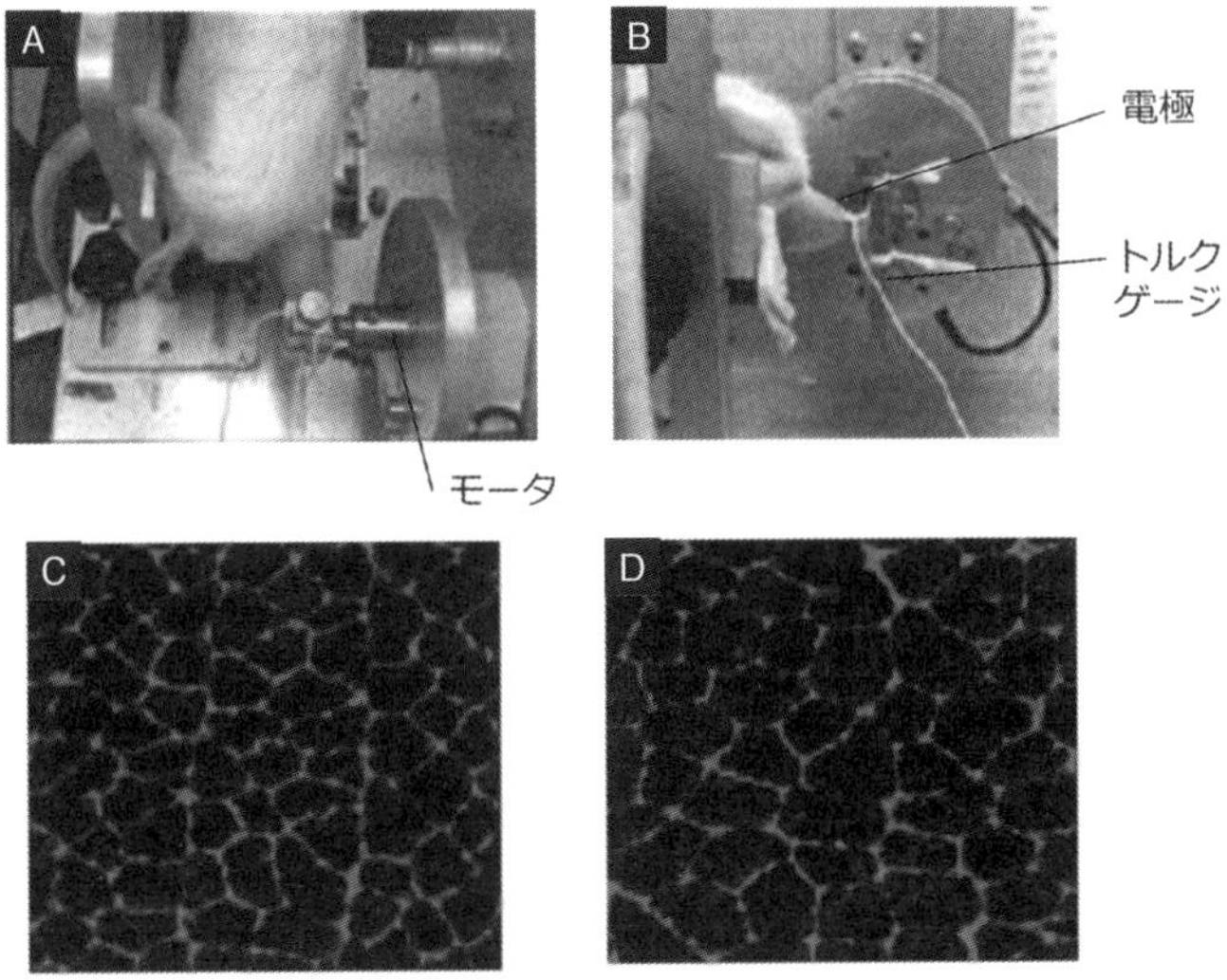

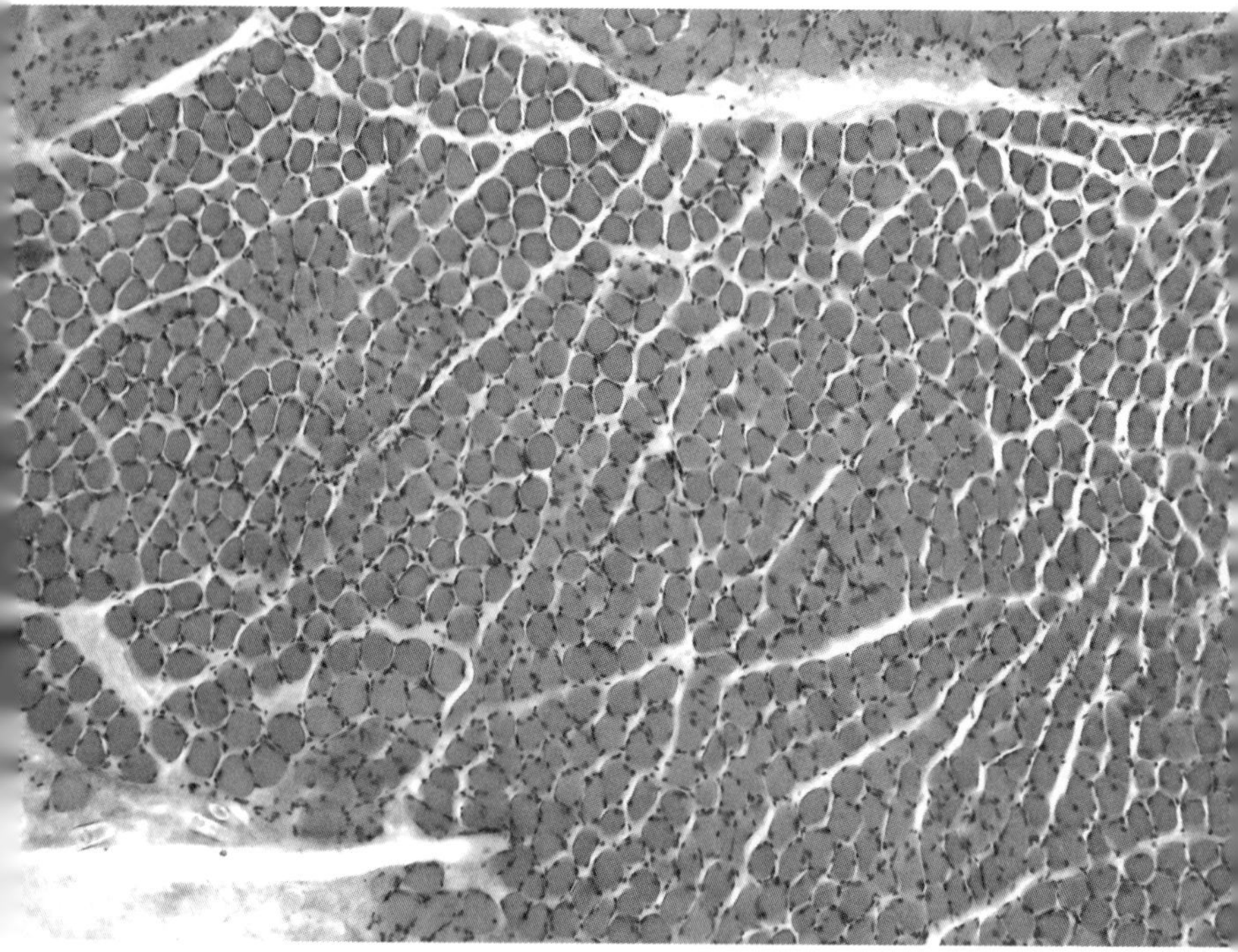

運動によって筋力が低下したことは、
疲労耐性の低い速筋線維が
多く動員されたことを示唆する。
単純には、運動後の筋力低下の
大きなプログラムほど
筋肥大効果が期待できる可能性がある。

を開発し、20年以上実験を続けています。ラットまたはマウスを麻酔し、特性のトレーニングマシンに固定します。腓腹筋を電気刺激することで収縮させ、同時に足関節をモータで回転して（止めたままアイソメトリックにすることもあります）、トレーニング刺激とします。適切なプロトコルで、2日に1回、20日間ほどトレーニングすると、10％程度の筋肥大が起こります（図中下段）。

単回のトレーニング刺激後のさまざまなタイミングで筋を摘出し、図3の急性効果1～3を測定することで、長期効果を予測することも可能です。ただし、このモデルは自発的運動ではないため、中枢のコントロール下にはありません。筋活動水準は電気刺激によって常に100％となっています。これがヒトのリアルなトレーニングと決定的に異なる点です。

したがって、疲労に伴って筋線維の動員様式が変化するようなトレーニング、例えばスロー法をモデル化することはできていません。一方、「セッション中のセット数をどんどん増やしていったらどうなるか？」「トレーニングの間隔をどんどん狭めていったらどうなるか？」などの疑問に答えるためには有用な実験系といえるでしょう。

次章からは、本章でご紹介した評価法や推定法に基づき、負荷強度と効果の関係について考えていきましょう。

復習ポイント

ヒトを対象とした長期実験では、微妙なトレーニング効果の違いを示すことは容易でない。

トレーニング刺激によって、筋線維内では筋タンパク質の合成が活性化し、その累積効果によって筋線維の肥大が起こる。したがって、1回の運動後のタンパク質合成反応が大きなプログラムは、長期的効果も大きいことが期待される。

chapter 2

負荷強度と筋肥大効果の関係を再考する 1

50%1RM以下の負荷強度では
効果は期待できないとされているが、
その後の研究から、
負荷強度に制約を受けずに
筋肥大と筋力増強効果を上げる工夫が
可能なことがわかってきた。
本章では、標準的プログラムの負荷強度の
範囲に入らないとなぜ効果が
上がりにくいのかについて考えてみたい。

はじめに

本書のchapter０において、筋肥大と筋力増強の両方の効果を上げるための「標準的」プログラムは、１種目当たり80％１ＲＭ（最大挙上重量の80％）前後の負荷強度、最大反復回数（ＲＭ）で３セット以上の量、週２～３回の頻度という設定であり、「確実な効果」をもたらしますが、必ずしも「最適な」プログラムではないことなどをお話ししました。

このプログラムでは、まず負荷強度が中～高強度であることが第一条件になっているといえますが、リハビリテーションや高齢者のトレーニングという視点から、より低負荷強度で、かつそれなりに効果がある方法を考案することも重要でしょう。

「低負荷強度」の定義は明確になされているわけではありませんが、関節などへの負担や血圧上昇の可能性を考慮すると、50％１ＲＭ以下と考えるのが妥当と思われます。chapter０でお話しした通り、標準的プログラムが提示された当時は、65％１ＲＭを下回る負荷強度では筋持久力が向上しても、筋肥大や筋力増強は起こらないとされていましたので、50％１ＲＭ以下では当然効果は期待できないことになります。

一方、その後の研究から、負荷強度に制約を受けずに筋肥大と筋力増強効果を上げる工夫が可能なことがわかってきました。本章ではまず、標準的プログラムの負荷強度の範囲に入らないとなぜ効果が上がりにくいのかについて考えてみたいと思います。

90％1ＲＭ以上の強度ではなぜ筋肥大しにくいのか

低負荷強度について考える前に、負荷強度が高すぎる場合について考えてみましょう。

負荷強度と効果についてのクラシカルな考え（chapter 0）では、90％1ＲＭ（3～ＲＭ）以上の負荷強度の場合、中枢神経系に及ぼす効果によって筋力増強をもたらすものの、筋肥大効果は小さいとされています。つまり、運動単位の動員能力の向上（抑制の低減）が主効果となり、筋断面積当たりの筋力が向上します。

一方、それが上限に達してしまえば、さらに筋力を増強するためには筋を肥大させる必要が生じることになります。実際、3セット程度で各セットＲＭまで反復という条件で90％1ＲＭと80％1ＲＭの効果を比較すると、80％1ＲＭの方が筋肥大効果は大きくなります。

しかし、chapter 0でご紹介した「サイズの原理」に基づいて考えると、最大筋力を発揮しているような状態では、十分に速筋線維の運動単位を動員しているはずですので、高負荷強度であるほど速筋線維が肥大してもよさそうに思えます。そこで、「何が不足しているのか」についてで考えてみます。

図1に、負荷強度と1セット（RMまで反復）当たりのトレーニング容量の関係を示します。トレーニング容量は、運動に伴うエネルギー消費量に相当するもので、ここでは（負荷強度×反復回数）で代用します。正確には、これに挙上距離をかける必要がありますが、挙上距離は負荷によらず一定として省略してあります。

この図では負荷強度の範囲が65％1RM以上に限定されていますが、負荷強度の増加とともに急激に容量が減少することがわかります。つまり、90％1RMを超えるような負荷強度では、筋のなす仕事（エネルギー消費）がきわめて少なくなります。例えば、80％1RMで8回の場合には容量は640（％1RM×回）ですが、100％1RMで1回の場合にはわずか100となります。つまり、100％1RMから強度を20％減じただけで容量は6・4倍にまで増えるわけです。

高負荷強度の場合、若干の疲労によって筋力発揮能力がごくわずかに低下しただけで挙上不能に陥ります。したがって、筋全体としてはかなり余力を残した状態でセットが終了してしまうことになります。

こうしたことから、筋肥大には負荷強度に依存した筋線維の動員という要素に加え、エネルギー消費や疲労などの代謝的要素が関わっていて、80％1RM前後の領域が両者の条件を同時に満たすのであろうと考えられます。おそらく、90％1RMでも全体で10セット以上行えば筋

図1

トレーニングにおける負荷強度と
1セット当たりの容量(強度×反復回数)の関係。

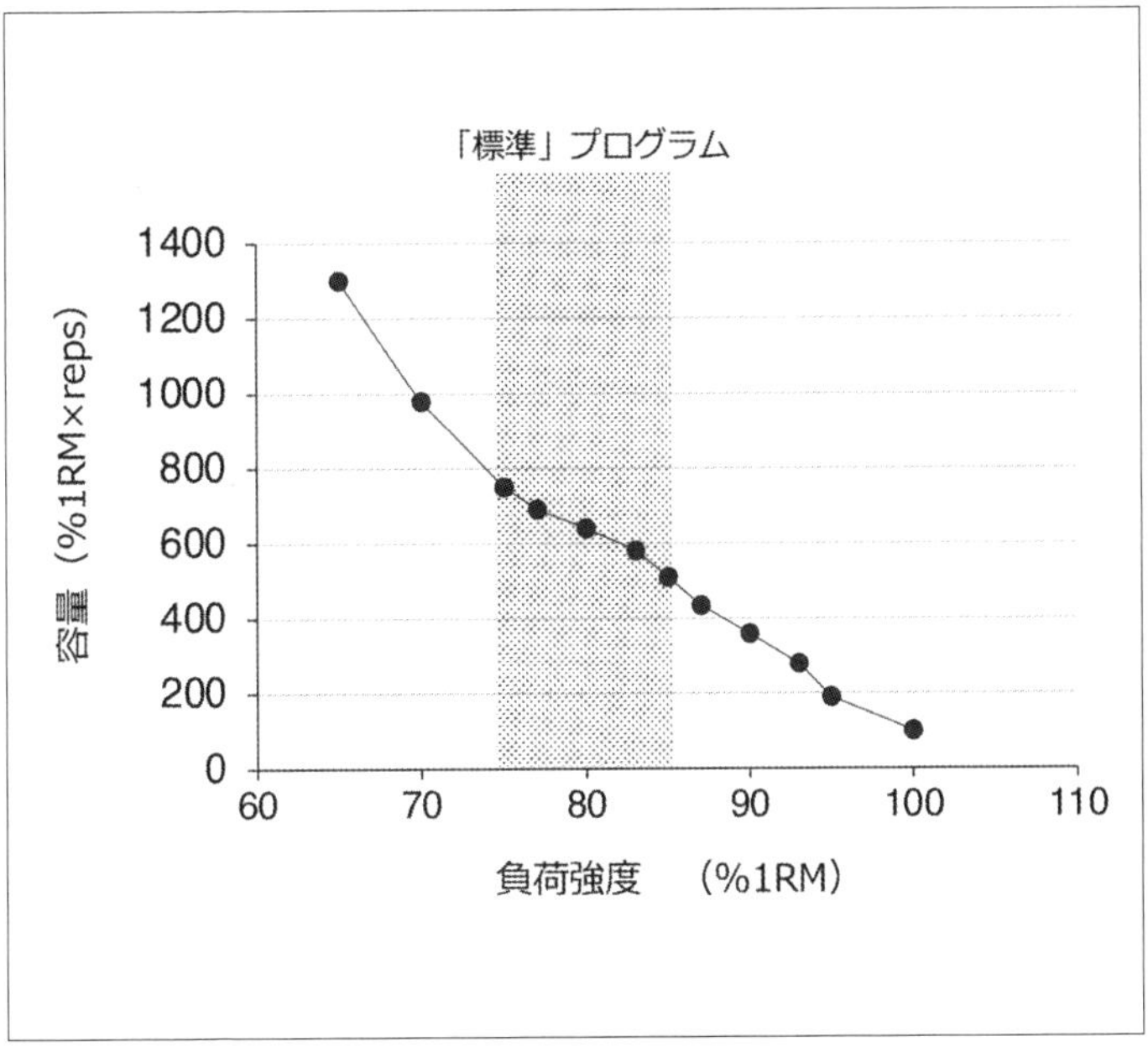

肥大にも効果があるでしょうが、一般的トレーニングとしては時間がかかり過ぎ、非効率といえるでしょう。

負荷強度とタンパク質合成の関係

次に50％1RMを下回るような低負荷強度の場合を考えてみましょう。この場合には、図1で示した範囲よりさらに低負荷領域になりますが、セット当たりの容量という点では圧倒的に多くなります。例えば、50％1RM×30回では1500という数値になります。

低負荷強度のトレーニングプログラムの効果については、1970年代に多くの研究が行われています。特に、30～40％1RM程度の強度でオールアウトするようなプログラムでは、同じ強度の運動を反復する能力（動的筋持久力）が著しく向上しますが、筋力増強や筋肥大効果はきわめて小さいとされています。したがって、このようなトレーニングは筋持久力のためのトレーニングと分類され、その効果の主要因は筋内循環の改善（筋内毛細血管の増加）などによる筋酸素摂取量の増加であると考えられています。

実際、ヒトの大腿四頭筋（外側広筋）を対象として、負荷強度とトレーニング後の筋タンパク質合成の関係を調べた研究では、負荷強度の増加とともにタンパク質合成速度（測定方法に

図2

ヒト外側広筋におけるトレーニング後の筋タンパク質合成速度と
負荷強度の関係。
トレーニング容量は同一条件。
タンパク質合成速度は一見、負荷強度とともに上昇する。
Kumar et al.（2009）より改変

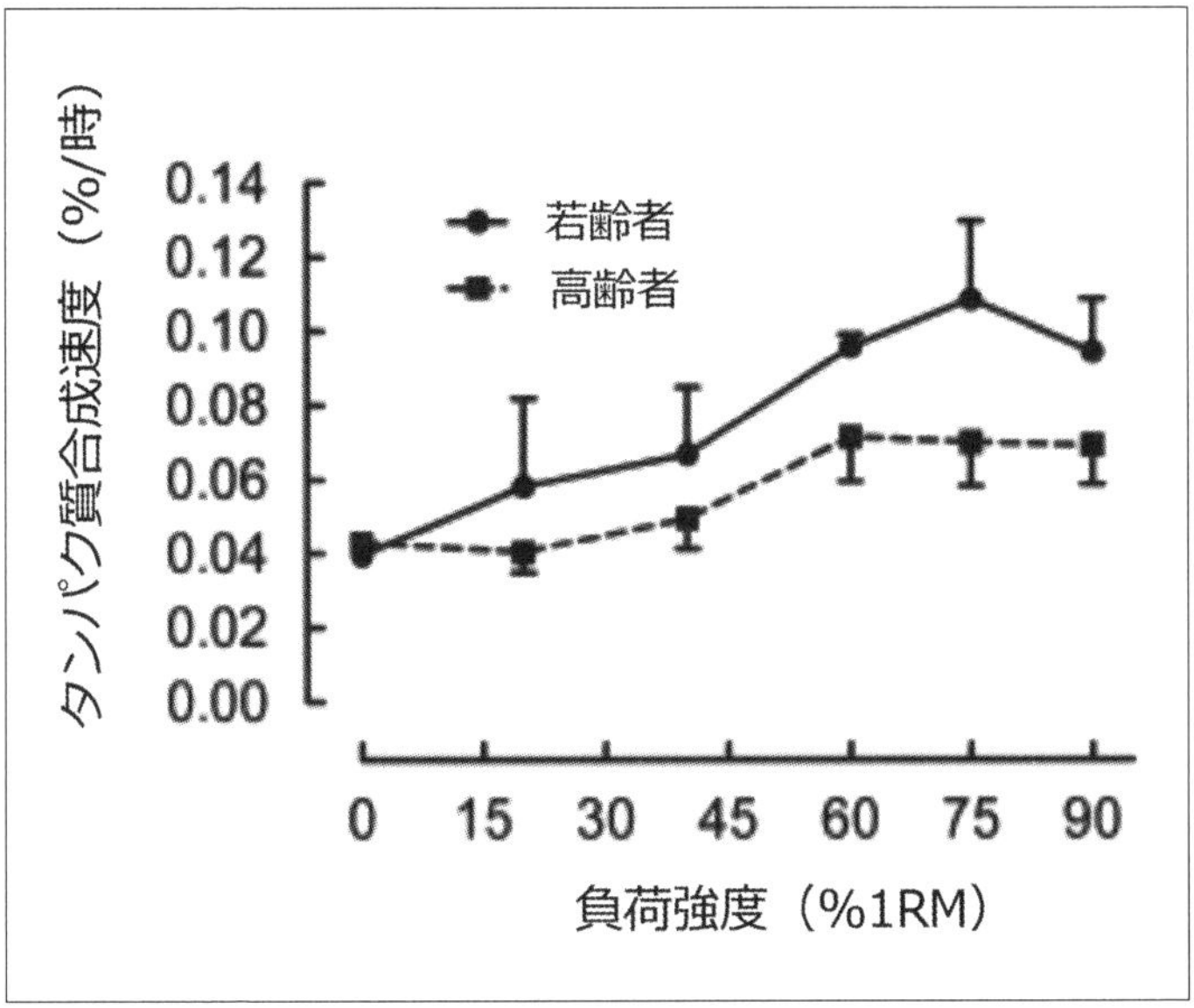

ついてはchapter1参照）が上昇することが示されています（図2）。若齢者と高齢者で若干傾向が異なりますが、若齢者の場合には75％1RM程度で最大値を示し、標準的プログラムの妥当性を支持しているように見えます。高齢者の場合には60％1RM当たりで効果が頭打ちになっていますが、そこまではやはり強度とともにタンパク質合成速度は増加しています。

ただ、この研究結果の解釈には注意が必要です。それは、「低負荷強度でのトレーニング容量が十分か」という点です。この研究では、負荷強度の効果を調べるために、各強度での容量をなるべく一定に揃えてあります。例えば、75％1RMでは8回×3セット、40％1RMでは15回×3セット……という具合です。これは実験の目的上やむを得ない条件設定ともいえますが、低負荷強度では容量が少ないために「楽すぎる」条件になってしまっています。

その後、こうした点を考慮して、「低負荷強度でもオールアウトするまで反復する」という条件で筋タンパク質合成を調べる研究が行われました。その結果、実は30％1RMという強度でも、高強度の場合と同様に筋タンパク質合成が上昇することが示されました。この点については、次章以降に詳しくお話しします。

動物のトレーニングモデルでは検証がむずかしいが…

前章において、トレーニング刺激後に筋内で起こる変化を詳細に調べる上で、動物を用いたトレーニングモデルが有用というお話しをしました。負荷強度や量がどのような効果をもたらすかという点でも、多様な条件設定が可能に思えるかもしれません。しかし、こと「負荷強度」に関しては、ヒトのトレーニングの場合を模擬することはきわめて困難です。

動物モデルでは、ラットやマウスに麻酔をかけ、眠らせた状態で筋や神経を電気刺激してヒトのトレーニングと同様の状況をつくります。負荷強度を増すためには電気刺激の強度を高めて発揮筋力を高めればよいわけですが、これは単純に活動させる筋線維の数を増やすことに相当します。

一方、ヒトのトレーニングでは、負荷強度に応じて随意的に動員する筋線維の種類や数が調節されます。つまり、中枢神経系による筋力調節機構が介在するかしないかという、基本的条件が異なってしまうわけです。

ただ、常に筋中のすべての筋線維を活動させるという最大刺激条件下で、筋を短縮させたり伸張したりして発揮張力を増減させると、筋タンパク質合成は発揮張力の大きさ（強度に相当）よりも、むしろ容量や力積（発揮張力×収縮時間）に強く依存するようです。つまり、筋線維が代謝的に疲労した状態になることが重要と考えられます。

低負荷・大容量ではなぜ筋肥大しないのか：中枢性疲労と末梢性疲労

以上のように、タンパク質合成の観点では、負荷強度がきわめて低くても、容量が十分であれば筋肥大効果が得られる可能性が示されてきています。低負荷強度では、運動の初期にはサイズの原理に従って遅筋線維から使われますが、オールアウトが近づくと、おそらく運動継続のために速筋線維を動員せざるを得ない状況になると考えられます。それでは、なぜこれまで低負荷強度・大容量のトレーニングは筋持久力にしか効果がないとされてきたのでしょうか。

ひとつの可能性は中枢性疲労の影響です。筋疲労には大きく分けて「中枢性疲労」と「末梢性疲労」があります。中枢性疲労は「脳の疲労」と考えてよく、エネルギー的な疲労や抑制によって中枢神経系から運動神経への運動指令が減弱することで筋力の低下が起こります。一方、末梢性疲労は筋そのものの疲労や、筋に直接つながる運動神経の疲労による筋力低下を指します。

やや古い研究になりますが、矢部（1976）は拇指《ぼし》内転筋を対象として、随意最大筋力発揮と、尺骨《しゃっこつ》神経の電気刺激による最大筋力発揮（生理学的最大筋力発揮）を一定のリズムで

図3

随意最大筋力発揮(V)の反復中に
電気刺激による生理学的最大筋力発揮(E)を挿入した際の
それぞれの筋力低下。

矢部(1976)より引用

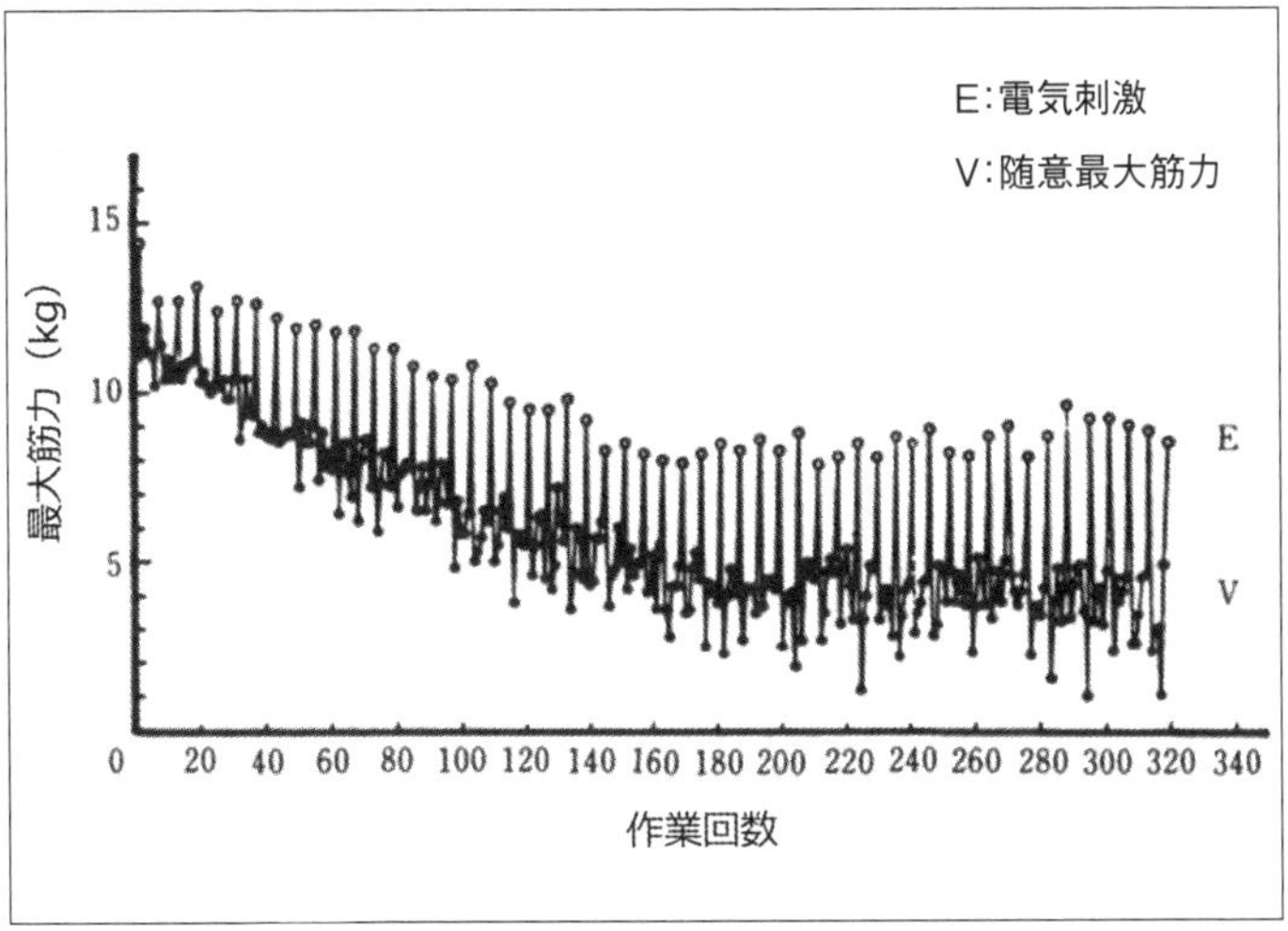

低負荷強度・高反復回数のトレーニングを
1セット行った程度では、
主に中枢性疲労によって
オールアウトに至るものの、
筋そのものには
まだ余力が残っているために
筋肥大効果が得られないのではないかと
考えられる。

合計300回以上繰り返す実験を行いました（図3）。この場合、電気刺激による筋力（図中E）の低下は末梢性疲労によるもの、随意最大筋力（図中V）の低下は中枢性疲労と末梢性疲労の複合効果によるものと考えることができます。図から、反復回数が多くなるほど、中枢性疲労の程度（E-V）が大きくなることがわかります。

この研究の場合には静的な筋力発揮が指標ではありますが、反復回数がきわめて多い筋運動では、オールアウトに近づくほど中枢性疲労の影響が強く発現することが示唆されます。したがって、低負荷強度・高反復回数のトレーニングを1セット行った程度では、主に中枢性疲労によってオールアウトに至るものの、筋そのものにはまだ余力が残っているために筋肥大効果が得られないのではないかと考えられます。

このように中枢性疲労が末梢性疲労に先んじて現れ、筋活動にブレーキをかけるように作用することは、生理学的な安全機構の一端とみなすことができます。一方、負荷強度が低くても、中枢神経を「だます」ようにして末梢性疲労を早期に引き起こすような工夫も可能です。そのような工夫については、次章以降にお話ししていきます。

復習ポイント

筋肥大には負荷強度に依存した筋線維の動員という要素に加え、エネルギー消費や疲労などの代謝的要素が関わっていて、80％1RM前後の領域が両者の条件を同時に満たすのであろうと考えられる。

中枢性疲労が末梢性疲労に先んじて現れ、筋活動にブレーキをかけるように作用することは、生理学的な安全機構の一端とみなすことができる。

chapter 3

負荷強度と筋肥大効果の関係を再考する❷

低負荷強度では筋肥大が起こらないと
長い間考えられてきた。
本章では、低負荷強度トレーニングの
長期効果の実例と、
効率的に筋線維の疲労を引き起こし、
筋肥大効果をもたらす工夫について紹介する。

はじめに

前章では、筋肥大と筋力増強をもたらすために80％１ＲＭ前後の負荷強度が標準的に用いられる理由について、生理学の観点から考えました。

トレーニングによる肥大は主に速筋線維で起こりますが、速筋線維内でのタンパク質合成を活性化するためには、「速筋線維を動員すること」に加え、「速筋線維を十分に疲労させること」が重要と考えられます。速筋線維を動員するためにはまず高負荷強度が必要ですが、負荷強度が高くなると１セット当たりの反復回数が激減し、トレーニング容量も減ってしまいますので、少ないセット数で筋線維をくまなく疲労させることが難しくなります。こうした負荷強度と容量の相反性から、80％１ＲＭ程度の負荷強度が最も効率的に速筋線維の動員と疲労を引き起こし、筋肥大をもたらすと考えられます。

一方近年になって、50％１ＲＭ以下の低負荷強度でも、「疲労困憊」まで反復すれば筋タンパク質合成が高まることが示されました。しかし、中枢性疲労のはたらきにより、筋を「真の」疲労困憊状態にまで追い込むことは容易ではなく、そのために低負荷強度では筋肥大が起こらないと長い間考えられてきました。

本章では、低負荷強度トレーニングの長期効果の実例と、効率的に筋線維の疲労を引き起こし、筋肥大効果をもたらす工夫について紹介します。

低負荷強度でも、とことんやれば効果がある：「低負荷強度大容量法」

まず、タンパク質合成の活性化について少し詳しくお話ししておきます。

Burdら（2010）は、レッグエクステンション（1秒で挙上／降下）を「A：90％1RMでRM（平均5回）」、「B：30％1RMで90％1RMと同じ容量（平均14回）」、「C：30％1RMでRM（平均24回）」という3条件で行い、4時間後と24時間後にバイオプシーを採取してタンパク質合成速度などを測りました。その結果、筋タンパク質合成はAとCで活性化されましたが、24時間後の比較ではC＞Aとなりました。この結果は、30％1RMでもRMまで反復すれば、90％1RMでRMの場合と同等以上に強く筋タンパク質合成が活性化されることを示唆します。トレーニング容量では、90％1RMが450（％1RM・回）、30％1RMが720（％1RM・回）となります。

同じグループが長期介入実験も行っているのですが、条件が上記とは異なっています。Mitchellら（2012）は、レッグエクステンションを30％1RM×3セット、80％1RM×

1セット、80％1RM×3セット（それぞれRMまで反復）という3条件で週3回、10週間行った場合の効果を調べ、大腿四頭筋の筋体積が図1のように変化したと報告しています。この結果は、30％1RMの負荷強度でも、3セットそれぞれ挙上不能になるまで行えば、80％1RMで3セットと同等の筋肥大効果があることを示しています。また、80％1RMでも、1セットのみでは容量不足のために効果が小さいことがわかります。

私たちの研究グループでも、ベンチプレスを75％1RM×10回×3セットと、30％1RM×RM×4セット（休息時間3分）の2条件で行い、大胸筋と上腕三頭筋の筋肥大効果がほぼ同等であったことを報告しています（Ogasawaraら、2013）。

この「ベンチプレスを30％1RM×RM×4セット」というプログラムは、たいへんきついものです。「限界まで行う腕立て伏せ」を4セット行うことを想像していただければと思います。ここまで「追い込む」必要がある理由は、低負荷強度では、限界が近づいた最後の数回でやっと速筋線維が動員されることに加え、前章で述べたように中枢性疲労によって限界が早くやってきてしまうからだと考えられます。

図1

レッグエクステンションを
各セットRMまで行った場合の筋肥大効果(10週間)。
30%×3は30%1RMで3セット、80%×1は80%1RMで1セット、
80%×3は80%1RMで3セットを示す。
平均値±標準偏差で示す。
Mitchell et al. (2012)より改変

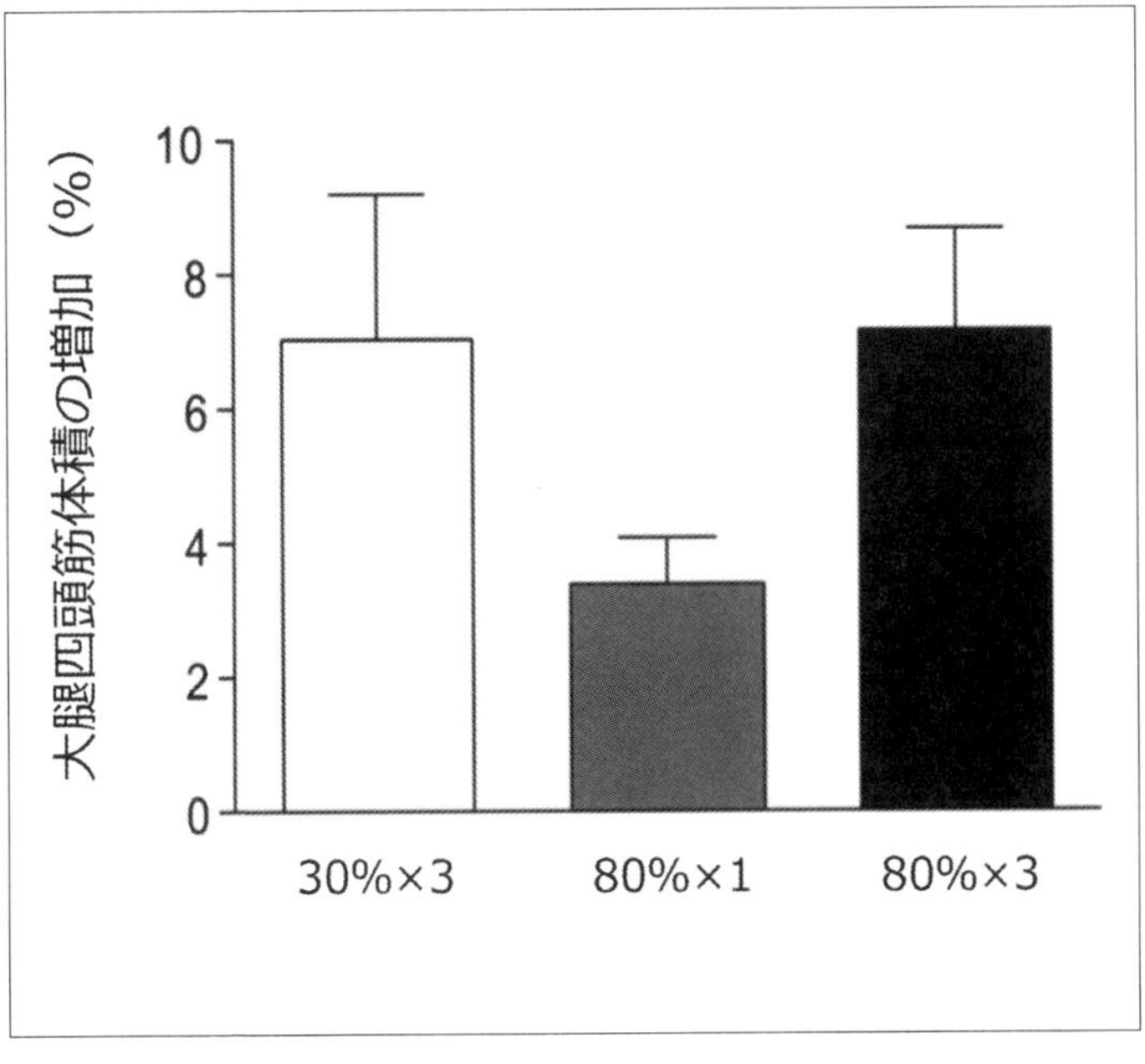

「走り込みで筋力強化」にも一理ある？

筋力トレーニングがまだ十分に普及していなかった時代、往年のプロ野球の選手たちは「山道や砂浜を走り込む」ことや、「千本ノック」のようなきびしい練習で足腰の筋力を鍛えたといわれます。このような方法は「科学的でない」「持久力はついても筋力は鍛えられない」などと批判されることも多いと思います。

しかし最近の研究は、「真に筋を疲労困憊まで追い込む」ことができれば、そうした方法でも速筋線維が肥大し、筋力やパワーが向上する可能性が十分にあることを示しています。往年のスーパースターたちはそのようなトレーニングを行うことができたからこそ強くなったのでしょう。ただし、「より効率よく強くなる」ためには、やはり専門的な筋力トレーニングが有用です。

筋血流制限下でのトレーニング

さて、まともな方法で筋を真の疲労困憊まで追い込むことが厳しいのであれば、手っ取り早く疲労状態にしてしまう工夫はないかということになります。血流制限下でのトレーニングがそのひとつです。

血流制限下でのトレーニングは「加圧トレーニング」として知られています。このトレーニング法を経験に基づいて考案された佐藤義昭氏から1995年頃に効果検証を依頼され、その後10年ほど研究を続けました。このトレーニングでは、四肢の付け根の部分を専用ベルトで圧迫し、筋血流を制限してトレーニングを行います。動物実験を含むさまざまな研究を行い、40%1RM以下の低負荷強度でも著しい筋肥大をもたらすことなど、多くの興味深い知見が得られました。

筋血流を制限すれば、まず筋内の著しい低酸素化が起こります。こうした状況で低負荷強度の運動を繰り返すと、酸素依存度の高い遅筋線維が早期に疲労します。そこで運動を継続するために速筋線維が動員されますが、乳酸やプロトンなどの代謝産物の排出も制限されていますので、筋内にこれらが蓄積し、速筋線維も早期に疲労します。こうして、低回数・低容量で筋を疲労困憊にまで追い込むことが可能になると考えられます。

筋電図から筋の活動レベルを推定すると、加圧下40%1RMでの筋活動レベルは、加圧なし40%1RMの場合に比べ著しく高く、80%1RMの場合にほぼ匹敵することがわかりました（図2）。加えて血中乳酸濃度が著しく上昇することから、加圧下では速筋線維の付加的動員が起こることが示唆されました。

図2

筋血流の制限(加圧)による筋活動レベルの増大。
上腕二頭筋を対象とし、
低負荷強度(40%1RM)と高負荷強度(80%1RM)で
ダンベルカールを行った際の、
セット後半の筋活動レベルを筋電図積分値から推定した。
40%1RMでの加圧なしの値に対する相対値として
標準偏差とともに示す。*は血流制限なしに対する有意差を示す。
Takarada et al.(2000)より改変

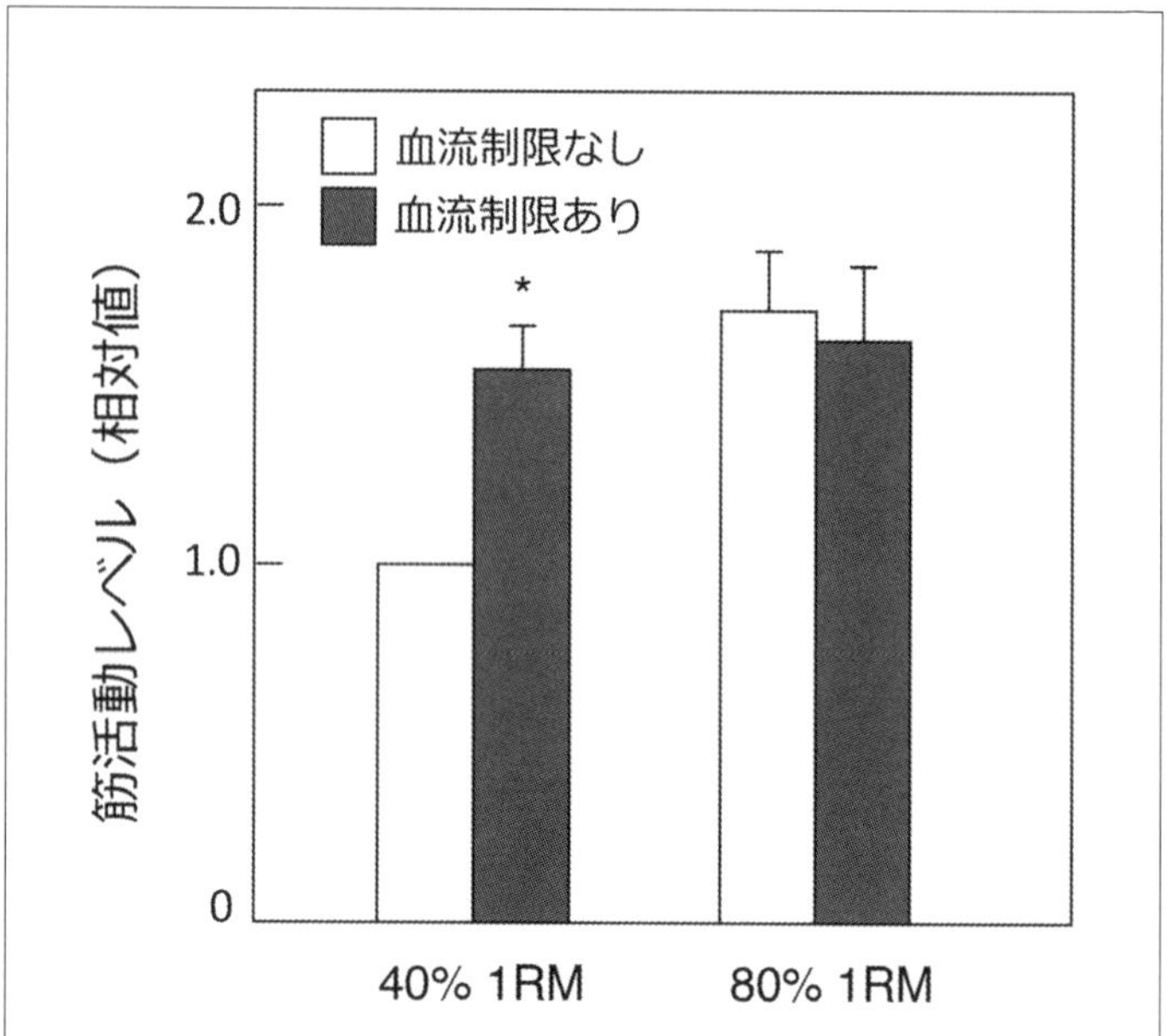

筋発揮張力維持スロー法(スロートレーニング：スロトレ)

加圧トレーニングでは、外部からの血流制限により血栓が生じる危険性があり、実用上の問題点とされています。また、対象が腕や脚に限られることも欠点といえるでしょう。そこで考えたのが「筋発揮張力維持スロー法」です。Tanimoto & Ishii（２００６）により米国生理学会誌に公表したものがオリジナルで、〝ＬＳＴ〟（Low-intensity, Slow and Tonic force generation）とも呼びます。また、国内で出版した書籍のタイトルの「スロトレ」という名称でも知られていると思います。

この方法は、外部からの加圧なしに筋血流を制限するために、筋収縮に伴う筋内圧の上昇を利用するものです。まず、筋血流を測りながら徐々に発揮筋力を増してゆくと、最大筋力の30％程度で血流抑制が始まりました。このことから、30％レベルの発揮筋力であっても、これを緩めずに持続すれば加圧トレーニングの場合と同様に筋血流の制限が起こることが示唆されました。

次に動的トレーニングの条件で調べると、通常の動作スピード（1～2秒で挙上）では筋緊張が緩んでしまう瞬間が出現し、筋血流の持続的な制限が困難なことがわかりました。結果的に、「負荷の上げ下げにそれぞれ3秒以上かけ、常に筋の緊張を維持して動作する」ことで、筋内酸素化レベルの著しい低下が達成されました。

スロー法の筋肥大効果の一例はすでにchapter1で紹介していますので、ここでは高齢者を対象とした長期効果と急性効果を示します（図3）。Watanabeら（2014）は、平均年齢70歳の高齢者を対象とし、スロー法のレッグエクステンションを30%1RM×13回×3セット、2回/週、3ヵ月行うことで有意な筋肥大（平均5%）が起こることを示しました。一方、同強度、同容量のトレーニングを通常の速度（1秒で挙上/降下）で行った場合には筋肥大は認められませんでした。また、スロー法では、セットの後半で疲労に伴う筋活動レベルの増加が認められました（図3B）。

またカナダの研究グループは、片脚ニーエクステンションをスロー法（6秒で挙上/降下）、30%1RMでRMまで、反対側で通常速度、同強度・同回数を行った後の外側広筋での筋タンパク質合成速度を調べ、スローで行った側でのみタンパク質合成が上昇したと報告しています（Burdら、2012）。

まとめ：負荷強度・トレーニング容量・筋疲労と効果の関係

負荷強度はプログラム変数の中で最も重要な要素ですが、トレーニング効果は一義的に負荷

図3

高齢者を対象とした低強度スロートレーニング(LST)と
同強度・同容量の通常動作のトレーニング(CON)の長期効果(A)と、
セット内での筋活動レベル(B)の比較。
強度と容量はいずれも30%1RM×13回×3セット。
Preはトレーニング前、Postはトレーニング後を示す。
*は介入前との差、†は群間の有意差、a はセット内の前半(白)と
後半(黒)の有意差を示す。
LSTでは平均約5%の有意な筋肥大が生じた。
Watanabe et al.(2014)より改変

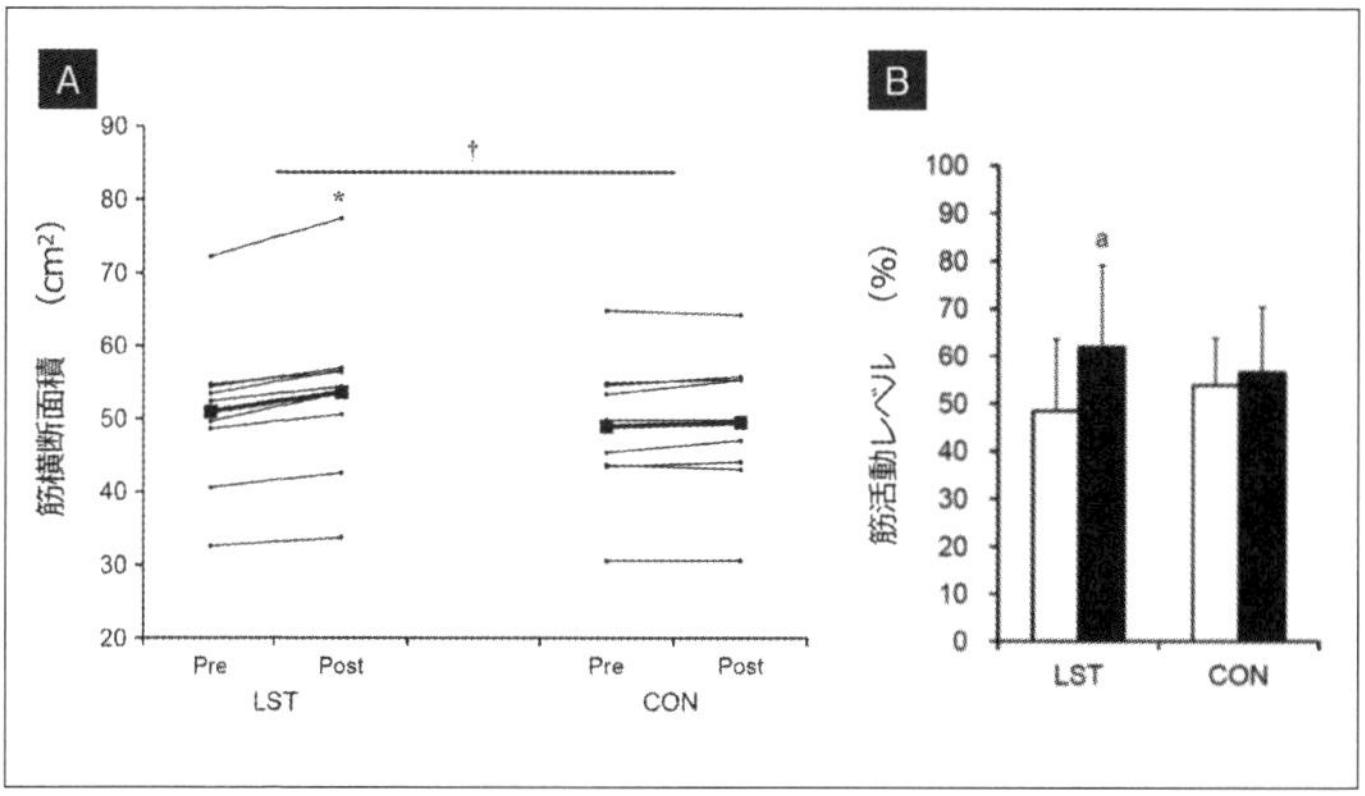

加圧トレーニングは、
四肢の付け根の部分を
専用ベルトで圧迫し、
筋血流を制限して行うトレーニング法。
動物実験を含むさまざまな研究を行い、
40%1RM以下の低負荷強度でも
著しい筋肥大をもたらすことなど、
多くの興味深い知見が得られた。

強度で決まるものではなく、負荷強度と容量の兼ね合いで決まるといえます。ポイントは効果的に速筋線維を動員し、かつそれらを代謝的に疲労させることと考えられます。

80％1RM前後の負荷強度では、最初の1レップ目から速筋線維が動員されるため、8回×3セット程度の容量でそうした条件が満たされやすいのですが、最初から速筋線維の動員が起こらない低負荷強度でも、十分な容量まで追い込めば速筋線維の付加的動員が起こり、やがて疲労困憊に至ります。したがって、低負荷強度でも大容量を行うことで筋肥大や筋力増強が可能になります。

加圧トレーニングやスロー法は、筋内環境を悪化（低酸素化＋代謝物蓄積）させる工夫によって、低負荷強度・小容量であっても急速に筋疲労と速筋線維の動員をもたらすトレーニング法といえるでしょう。

復習ポイント

最近の研究は、「真に筋を疲労困憊まで追い込む」ことができれば、低負荷強度でも速筋線維が肥大し、筋力やパワーが向上する可能性が十分にあることを示している。

加圧トレーニングやスロー法は、筋内環境を悪化（低酸素化＋代謝物蓄積）させる工夫によって、低負荷強度・小容量であっても急速に筋疲労と速筋線維の動員をもたらすトレーニング法といえる。

chapter 4

加圧トレーニングとスロートレーニングの動物モデル

負荷強度と筋肥大効果の関係について、
動物実験によってそのメカニズムを
細胞や分子レベルまで
より深掘りできないだろうか。
とはいえ、動物モデルは
使いづらい面があるのは否めない。
様々な制約を前提としつつ、
筆者らの研究グループでは
いくつかの動物実験を行ってきたが、
本章ではそれらの中から
加圧トレーニングと
スロートレーニングについて紹介する。

はじめに

Chapter2、3の2回にわたって、負荷強度と筋肥大効果の関係について考察してきました。トレーニングによって肥大する能力の高い速筋線維を動員し、十分に疲労させるためには、80％1RM程度の高負荷強度を用いるのが最も「効率的」であると考えられます。

一方、50％1RMを下回る低負荷強度を用いても、次の3条件のもとでは筋肥大が起こることがわかっています：⑴限界まで徹底的に高反復回数を行う（大容量法）、⑵筋血流を制限する（「加圧トレーニング」）、⑶スローな動作で行う（筋発揮張力維持スロー法：スロートレーニング）。これらの方法の効果については、主にヒトを対象とした研究で示されてきましたが、動物実験によってそのメカニズムを細胞や分子レベルまで深掘りできないでしょうか。

前章でお話しした通り、負荷強度とトレーニング効果の関係を調べる上で、動物モデルは使いづらい面があります。少なくとも動物の筋力トレーニングモデルでは、麻酔下で筋肉を電気刺激するという点で、随意的に負荷に合わせて動作をコントロールする実際のトレーニングとの間に決定的な差異があるからです。

こうした制約を前提としつつ、私たちの研究グループではいくつかの動物実験を行ってきましたので、本章ではそれらについてご紹介しましょう。

静脈塞栓モデル：トレーニングしないでも筋肥大が起こった

まず、筋血流制限下でのトレーニング（加圧トレーニング）の動物モデルについてです。当初は、単純にラットの後肢の根元をベルトで圧迫し、トレッドミルの上を走行あるいは歩行させるだけで筋肥大が起こるのではないかと簡単に考えていました。しかし実際には、肢にベルトを巻かれることを動物が極度に嫌う、肢の形が先細りしているためにベルトが容易にずり落ちてしまう、などのために実験は困難を極めました。

そこで、血流制限が長期にわたってしまうという欠点がありましたが、外科的手術によって後肢筋から出る静脈のいくつかを塞いでしまう方法をとりました。手術の傷が治った後に低負荷強度の運動をさせれば、運動の急性効果は調べられるという目論みでした。

ところが、術後2週間ラットを通常飼育した後に後脚筋（足底筋）を調べてみると、個々の筋線維に肥大が起こっていることがわかりました（図1）。この間、特別な運動刺激は何も与えていませんので、日常的に飼育ケージの中を歩き回るという程度の運動でも、血流制限下では筋肥大をもたらす刺激になると考えられます。

図1

ラットの静脈塞栓モデルにおける筋線維の肥大。
足関節底屈筋の筋血流を制限して
通常飼育後（2週間）の足底筋横断面の顕微鏡写真。
個々の筋線維が肥大していることがわかる。肥大筋では、
IGF-1、IGF-2が増加し、マイオスタチンが減少していた。
Kawada and Ishii (2005)より改変

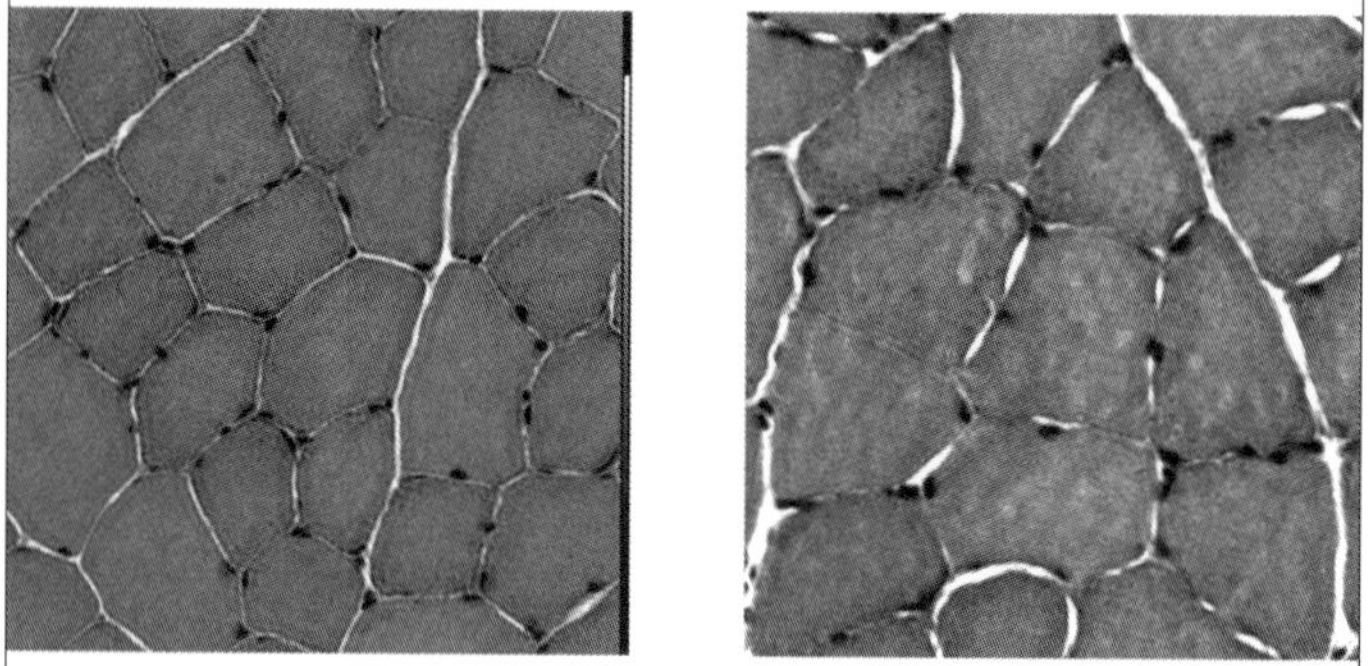

対照群（偽手術）　　静脈塞栓群

さらに、肥大した筋を分析すると、インスリン様成長因子（IGF-1、IGF-2）が増加し、マイオスタチンが減少していることなどがわかりました。IGF-1はmTORシグナル伝達系を活性化し、マイオスタチンは逆にこれを抑制する成長因子ですので、少なくともこれらの因子が血流制限による筋肥大に関わっていることが示唆されます。

一方、当時はmTORシグナル伝達系自体とその下流のタンパク質合成の変化については調べていませんので、現在も残された課題となっています。

スロートレーニングの動物モデル：エキセントリックを利用する

次にスロートレーニングのモデルですが、これについては次のような問題点があります。軽い負荷を意図的にゆっくりと挙上するという動作の調節機構は単純ではありません。生理学的には複数の戦略がありますが、基本的には動員する運動単位の数を減らし、筋力発揮能力を低減することで負荷の相対的強度を高めます。

例えば、最大筋力が100kgの筋で20kgの負荷を「あえてゆっくりと」上げたい場合、30kgの筋力に相当する運動単位しか動員しなければ、相対的負荷強度は20／30すなわち70％程度になりますので挙上スピードを抑えることができます。また、微妙なスピードコントロールのために、拮抗筋を活動させる場合もあります。これらは中枢神経系のなせる技です。

前章でお話ししたように、スロートレーニングでは長時間の力発揮と筋内環境の悪化によって筋線維の疲労が助長されるために、徐々に追加的な運動単位の動員（あるいは運動単位の動員交替）が起こることで筋肥大がもたらされると考えられます。このような運動単位の動員調節もまた中枢神経系のはたらきによります。

動物を麻酔にかけ、筋肉に電気刺激を与えて収縮させるというトレーニングモデルでは、これらの中枢神経系による調節を再現することがきわめて困難です。さらに、１００％の筋線維を活動させた状態で、モータによって動作速度を調節した場合、コンセントリック収縮（短縮性収縮：負荷を挙上する動作に対応）では速度が遅いほど発揮筋力が大きい、すなわち強度が高くなってしまうという問題点もあります。

そこで、筋線維レベルでみた場合に「発揮筋力の大きさが重要か、あるいは筋力発揮時間の方が重要か」という単純な課題に焦点を絞り次のような実験を行いました。

まず、ラットの足関節底屈筋（腓腹筋）を対象として、１００％の筋線維を活動させる刺激強度（最大刺激）で、等尺性収縮を起こさせます。張力が一定値になったところで、モータにより足関節を背屈方向に回転させ、伸張性収縮（エキセントリック収縮）の状態にします。伸張に伴って大きな伸張性筋力が発揮されますが、このとき、遅い伸張速度（ＳＬＯＷ条件）と、

図2

ラット伸張性トレーニングモデルにおける
SLOW 条件とFAST条件の比較。
図は張力曲線を模式的に示したもの。
Ochi et al.(2010)に基づく

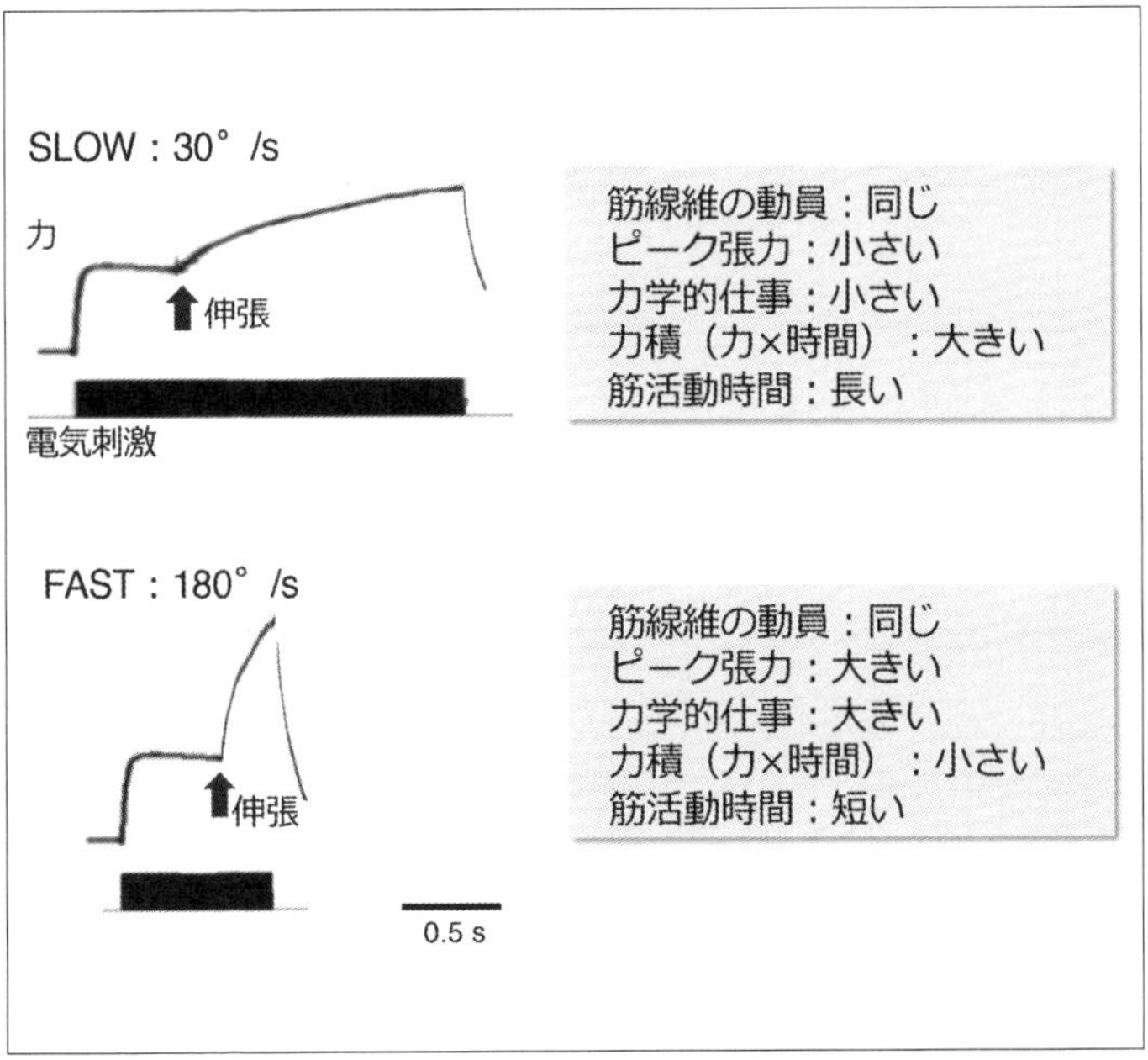

速い伸張速度（ＦＡＳＴ条件）の２条件で違いを調べます（図２）。

伸張速度はＳＬＯＷ条件、ＦＡＳＴ条件でそれぞれ、30度／秒、１８０度／秒ですので、90度の範囲の関節動作の所要時間に換算すると、ＳＬＯＷ条件では3秒となり、スロートレーニングの場合と類似します。

図２の右に、ＳＬＯＷ条件とＦＡＳＴ条件の主な相違点についてまとめてあります。動員する筋線維数（運動単位）は、電気刺激条件が同じですので２条件間で違いありません。

一方、ＳＬＯＷ条件ではＦＡＳＴ条件に比べ、ピークの発揮張力が小さい、力学的仕事（力×距離）が小さい、力積（力×時間、あるいは力の時間積分）が大きい、筋線維の活動時間が長いという違いがあります。メカニカルストレスは速い伸張速度（ＦＡＳＴ条件）、力積や活動時間などの時間的要素は遅い伸張速度（ＳＬＯＷ条件）の方が強いということになります。

筋力発揮時間が重要なのか？

上記のＳＬＯＷ条件、ＦＡＳＴ条件のそれぞれで、５回×４セットのトレーニング刺激を１日おきに与え、２日目と7日目に腓腹筋を摘出して分析しました。図３に、ｍＴＯＲシグナル伝達系の一部であるｐ７０Ｓ６Ｋのリン酸化レベルと、筋肥大を抑制するマイオスタチンの発

図3

ラット伸張性トレーニングモデル（腓腹筋）における
刺激開始2日後および7日後の
リン酸化p70S6Kの割合（mTORシグナル伝達活性の指標）
およびマイオスタチンの発現量。平均値±標準偏差で示す。
図中のシンボルは群間の有意差を示す
（*P<0.05, **P<0.01, ***P<0.001）。
Ochi et al.（2010）より改変

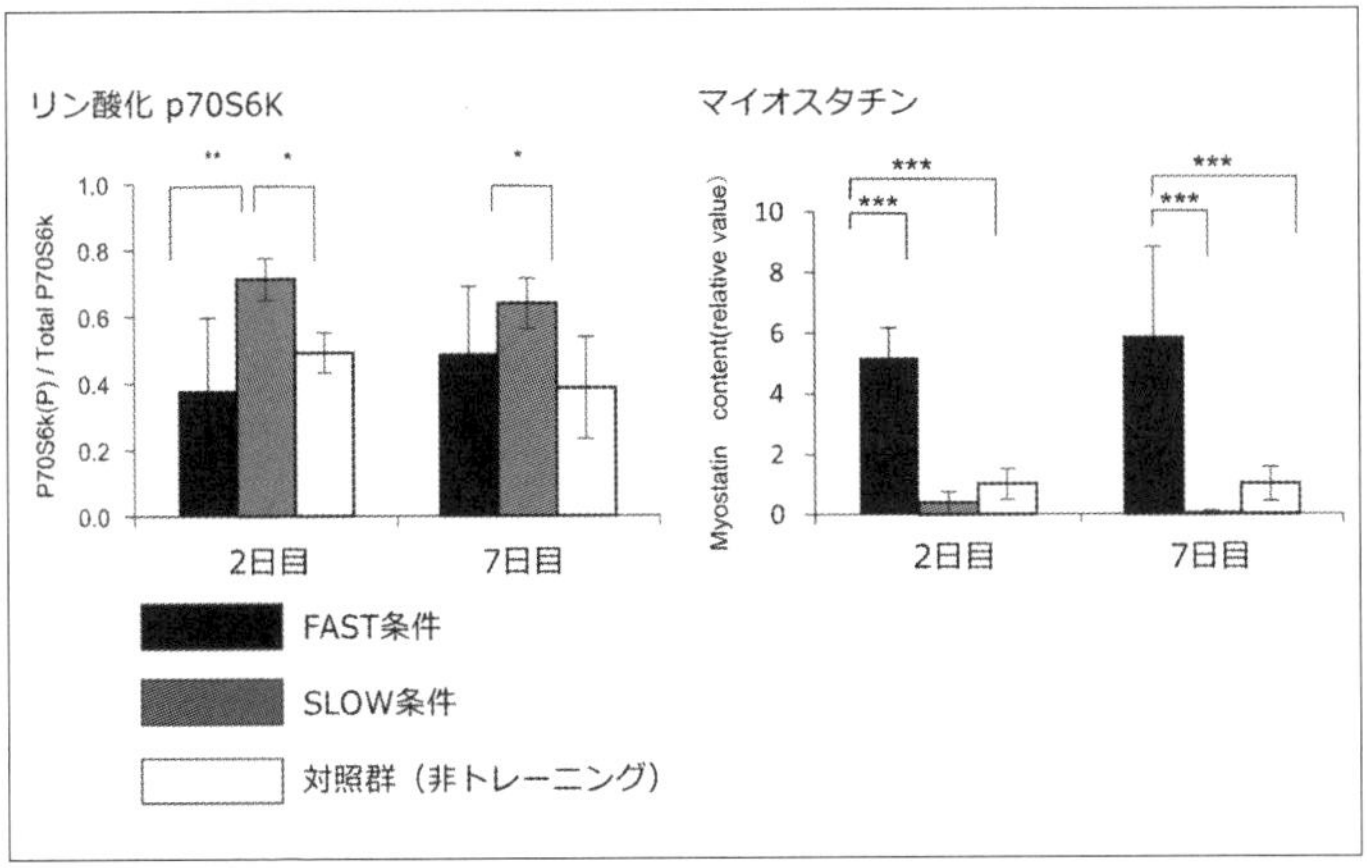

現量を示します。

　トレーニング開始後2日目、7日目のいずれにおいても、ＳＬＯＷ条件では対照群に比べてp70S6Kのリン酸化レベルが上昇し、マイオスタチンの発現量が著しく減少しました。

　一方、ＦＡＳＴ条件ではp70S6Kのリン酸化レベルは対照群と変わらず、マイオスタチンはむしろ増加してしまいました。さらに、ＳＬＯＷ条件でのトレーニング刺激を1日おきに20日間（合計10回）与えることで、平均15％程度の有意な筋線維の肥大が認められました。

　これらの結果から、個々の筋線維の活動様式という観点でみた場合、筋線維の肥大には力発揮の大きさ（メカニカルストレスの強さ）より、力積や力発揮時間といった時間的要素の方が重要なことが示唆されます。

　ただし、この実験ではＦＡＳＴ条件のメカニカルストレスが、通常のトレーニング条件に比べて強すぎるという点に留意する必要があるでしょう。マイオスタチンの発現量が増えることで筋肥大には抑制がかかってしまうと考えられますが、これは筋線維に著しい損傷と、それに伴う炎症反応が生じてしまった結果ではないかと考えられます。

等尺性とスローとの違いは

筋線維の活動様式として力積や活動時間が重要ということであれば、いわゆる「空気椅子」のような長時間の等尺性トレーニングでよいのではないかという疑問が生じるでしょう。実際、スロースクワットと空気椅子では「微妙に動くか動かないか」くらいの違いしかないようにも見えます。

動物のトレーニングモデルでは、電気刺激による3秒間の最大等尺性収縮を5回×数セット与えることでも筋肥大が起こります。等尺性収縮は動的収縮に比べ刺激条件として簡単ですので、研究ではこちらが好んで用いられます。しかし、対象とする下腿三頭筋は腱が長いため、実際には大きく短縮してから等尺性になるという、ダイナミックな収縮様式になっています。つまり見かけ上、等尺性とはいっても、かなりの力学的仕事を発揮している点に注意が必要です。

ヒトを対象とし、低負荷強度のスロートレーニングと、同じ筋力発揮レベルで同じ筋力発揮時間（力積も同じ）の等尺性トレーニングの急性効果を比べた研究では、血中乳酸濃度や成長ホルモン濃度はスロートレーニングでのみ上昇することが示されています。これは、低筋力発揮での等尺性収縮では力学的仕事がほぼゼロなため筋線維が疲労しにくく、速筋線維も動員さ

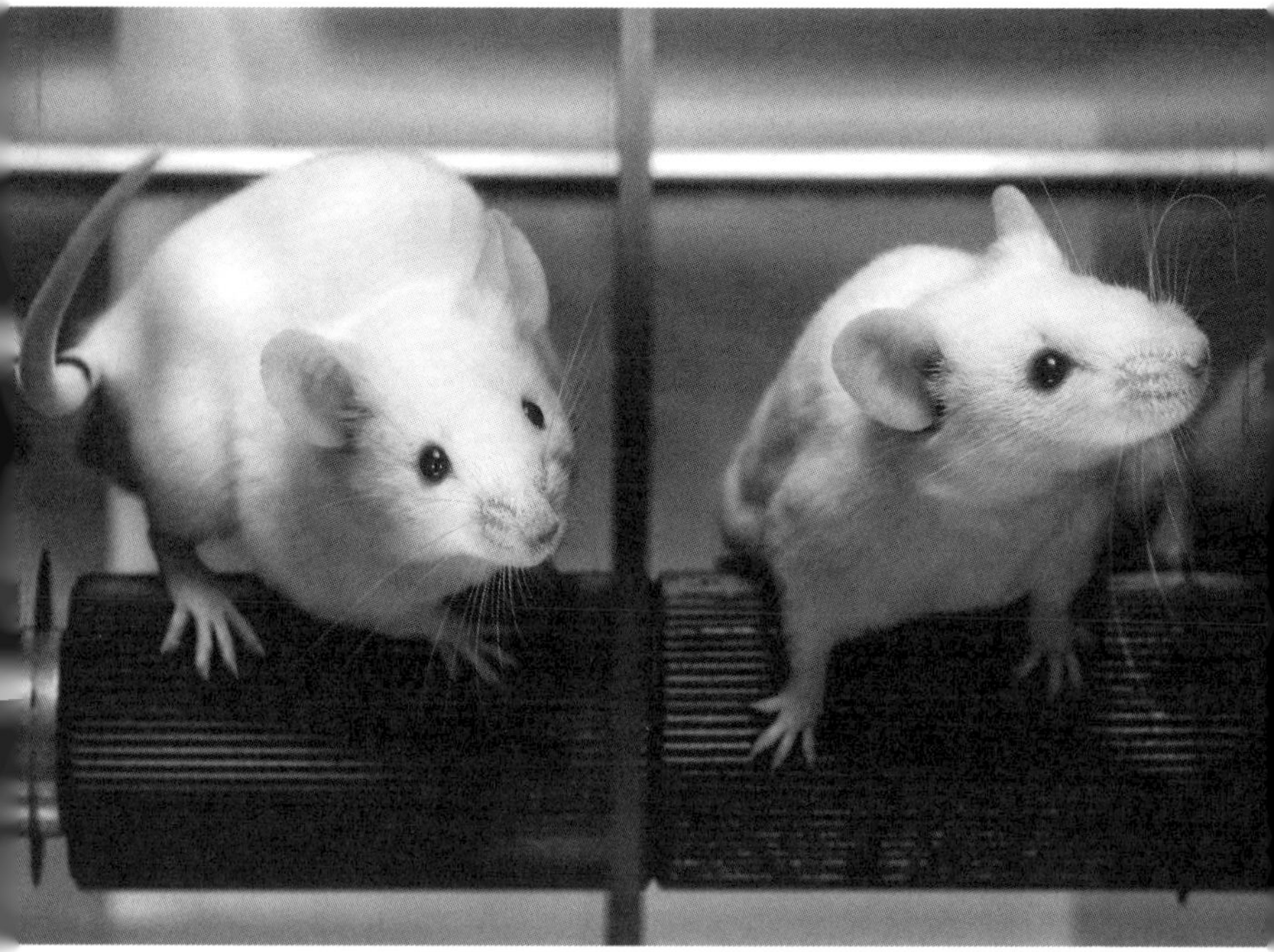

メカニカルストレスは
速い伸張速度(FAST条件)、
力積や活動時間などの時間的要素は
遅い伸張速度(SLOW条件)の方が強い。
(写真はイメージ)

れにくいためと解釈されます。

したがって、「長い筋活動時間」と「動くこと（仕事をすること）」の両方が筋肥大には重要であろうと考えています。

復習ポイント

筋血流制限下でのトレーニング(加圧トレーニング)の動物モデルでは、日常的に飼育ケージの中を歩き回るという程度の運動でも、筋肥大をもたらす刺激になると考えられる。

筋線維レベルでみた場合、スロートレーニングは通常のトレーニングと比べ、ピークの発揮張力が小さい、力学的仕事(力×距離)が小さい、力積(力×時間、あるいは力の時間積分)が大きい、筋線維の活動時間が長いという特徴がある。

chapter 5

トレーニング容量と筋肥大効果：何セット行うのがベストか？

トレーニング効果は
一義的に負荷強度で決まるものではなく、
負荷強度と容量の兼ね合いで決まる。
本章では、通常の高負荷強度トレーニングに
話題を戻し、
「容量」について深掘りしてみたい。

はじめに

　これまで、トレーニングによる筋肥大効果につき、主に負荷強度に焦点を当ててお話ししてきました。改めて簡単にまとめると、負荷強度はプログラム変数の中で最も重要な要素ですが、トレーニング効果は一義的に負荷強度で決まるものではなく、負荷強度と容量の兼ね合いで決まるといえます。ポイントは効果的に速筋線維を動員し、かつそれらを代謝的に疲労させることと考えられ、そうした条件を達成する工夫として筋血流制限やスロートレーニングがあげられます。本章では、通常の高負荷強度トレーニングに話題を戻し、「容量」について深掘りしてみましょう。

　すでに述べた通り、80％1RM以上の高負荷強度では、RM（8回）×3セット程度の容量で十分な効果を得られることが確かめられています。この「80％1RM×8回×3セット」辺りが身体的ストレスの点でも、時間的な効率という点でも、最も標準的な負荷強度と容量の組み合わせといえるでしょう。「コスパの最もよいプログラム」といえるかもしれません。

　健康増進などを目的としたトレーニングであれば、こうした標準的プログラムを目標として実施すれば十分であろうと思われます。一方、競技選手の視点から見れば、「セット数をもっと増やすことで、たとえ1％でもよいから効果を上乗せできないか」となるでしょう。実はこうした問いに対する正解はまだありません。

トレーニングにおける容量-効果曲線

まず、「トレーニング容量」についておさらいをしておきましょう。トレーニング容量は基本的に運動によって消費するエネルギーの量を示します。有酸素運動の場合はわかりやすく、容量（Jまたは㎉）＝仕事率（W）×運動持続時間で表され、仕事率は運動強度となります。運動強度は、時間当たりの酸素摂取量で表す場合が多く、例えば1リットルO^2／分の運動強度は約5キロカロリー／分のエネルギー消費率に相当します。

レジスタンストレーニング（アイソトニックトレーニング）の場合には、仕事（J）＝力（N）×移動距離（m）で、力＝負荷強度とみなすと、1セット当たりの容量＝負荷強度×移動距離×反復回数となります。ここで、移動距離（挙上距離）は一定ですので、1セット当たりの容量は強度×反復回数に比例し、強度と反復回数を一定にすれば、セッション当たりの容量は単にセット数で表すことができます。

容量の効果を調べる研究では、負荷強度を一定にし、反復回数やセット数を変えることで容量を変えます。前章までにお話しした通り、効果を得るためには各セット最大反復回数（RM）

あるいはそれに近い回数を行うことが重要です。そこで、ここでは「高負荷強度（〜70％1RM以上）でRMのセットを何セット行うか」という命題として考えていきます。

1セッション当たりのセット数と筋肥大効果の関係を模式化して図1に示します。こうした関係は、伝統的に薬理学の分野で用いられてきた「薬量−応答曲線」（Dose-response curve）に似ています。トレーニング科学の分野では、「容量−効果曲線」と呼ぶべきですが、薬理学の場合になぞらえて〝Dose-response〟という用語もよく用いられるようです。

図に示すように、容量−効果曲線として大きく3つのパターンが考えられます：セット数の増加とともに効果が増大を続ける（①）。あるセット数で効果が頭打ちになる（②）。ある最適セット数で効果が最大となり以後減少に転じる（③）。高負荷強度で筋肥大を目的とする場合、実際にはどのパターンになるのでしょうか。

私自身のトレーニング経験から

研究の話に入る前に、私自身の経験からお話しします。私が本格的にトレーニングを始めたのは18歳で大学に入学した1973年のことです。それからの2年間で体は驚くほど発達しました。入学時は体重70kg、ベンチプレス80kg、スクワット120kgという状況でしたが、2年

図1

セット数と筋肥大効果の関係（容量－効果関係）の模式図。

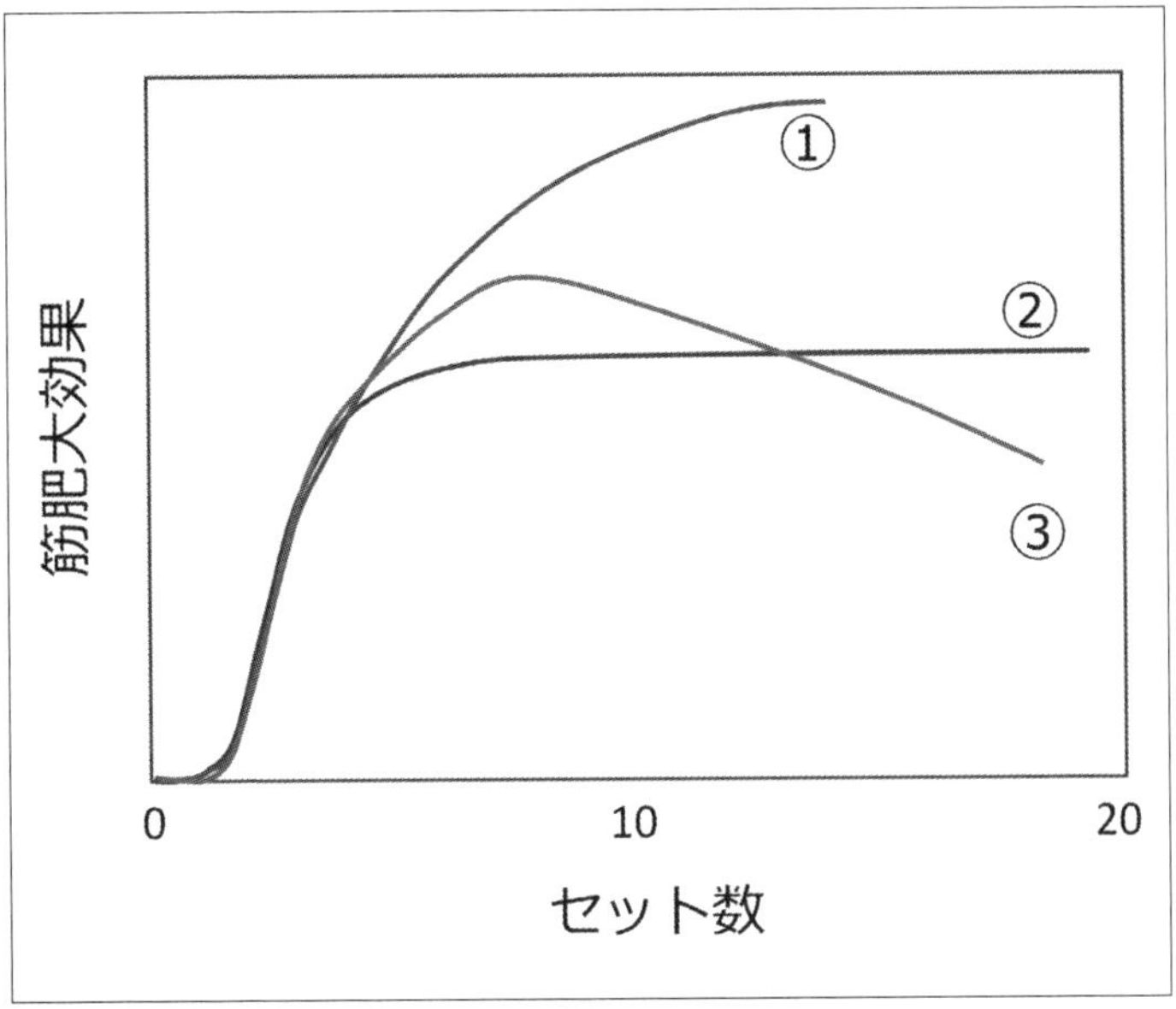

生の終わりには体重90kg、ベンチプレス170kg、スクワット220kgにまでなりました。

当時はトレーニングプログラムに関する情報も知識も不十分でしたので、「たくさんトレーニングすれば発達する」という信念で行っていました。例えば大胸筋の種目では、1セッション当たりベンチプレス15セット、インクラインプレス5セット、ディップ5セットの計25セット、これを週当たり3セッション行うという具合です。

今にして思えば、とんでもない大容量といえますが、この時期のトレーニングがなければ、後に日本選手権で優勝するところまでは行けなかったと思います。

セット数に注目したトレーニング研究

セッション当たりのセット数と筋肥大効果の関係を調べた研究はいくつかあります。ただし、実験技術上多くの群を作って比較することが難しいため、1セットのみの場合と複数セット行う場合の2群での比較がほとんどです。典型的な研究は、プリーチャーダンベルカールを用いたクロスオーバー研究で、80%1RMの負荷強度、2セッション/週、3ヵ月の効果を1セットと3セットの間で比較しています(図2A)。この研究では、筋肥大効果は1セットの場合が約8%、3セットの場合が約13%となり、有意差が認められています。

こうした研究以外に、さまざまな種目・セット数の条件で行われた多数の研究についてメタ解析を行った研究もあり、その一例を図2Bに示します。この研究では、筋肥大の指標としてさまざまな測定値を対象としていますので（筋横断面積だけでなく筋厚、周囲長、LBMなど）、測定方法や数値の単位に左右されない統計量である「効果量」を算出しています。効果量は「筋量の増加」を直接示すものではありませんが、その目安としては有用で、筋肥大効果は4～6セット＞2～3セット＞1セットとみなすことができます。

長期のトレーニング研究からは、最

図2

肘屈筋のトレーニングにおけるセット数と筋横断面積増加率（A）、およびメタ解析に基づくセット数と筋肥大効果（効果量）の関係（B）。$はセット間の有意差、* は対照（非トレーニング）との有意差、†は1セットとの有意差を示す（*P*<0.05）。

Sooneste et al., 2013（A）、Krieger, 2010（B）より改変

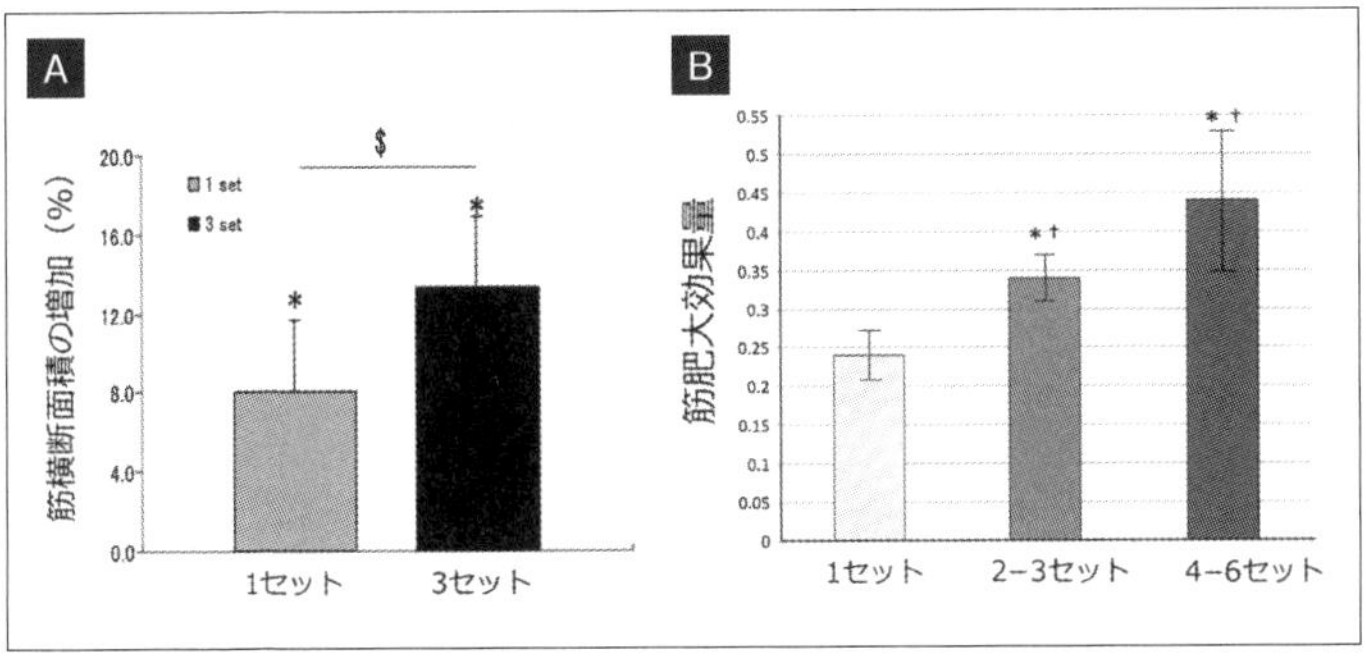

大6セットくらいまでの範囲であれば「セット数を増やすほど効果も上がる」といえるでしょう。

セット数とタンパク質合成

セット数と筋線維でのタンパク質合成の関係はどうでしょうか。Burdら（2010）は、ヒト外側広筋を対象とし、70％1RMでのレッグエクステンションをRMまで1セット行った場合と3セット行った場合を比べています（図3）。その結果、運動の5時間後、29時間後のいずれにおいても、3セットの方が1セットよりタンパク質合成速度が高く、長期的な筋肥大効果の様相ともよく合っているように見えます。

一方、3セット、5セットという低いレベルでなく、20セット、30セットまで増やした場合はどうなるのでしょう。研究の分野では、そもそものような発想が生まれなかったのかもしれませんし、被験者への負担が大きすぎて実験自体が実施不可能かもしれません。このような場合には動物モデルが有用になります。

私たちの研究グループは、ラット腓腹筋のトレーニングモデルを用い、等尺性最大収縮3秒×10回を1セットとして、1セット～20セットの範囲で容量－効果関係を調べました（図4）。

図3

ヒト膝伸筋のトレーニングにおけるセット数と
筋タンパク質合成速度の関係。タンパク質合成速度は
時間当たりの13C-フェニルアラニン取り込み量より推定。
*は運動前（Fast）との有意差；‡はセット間の有意差；
†は29時間後との有意差を示す（*P*<0.05）。
Burd et al., 2010より改変

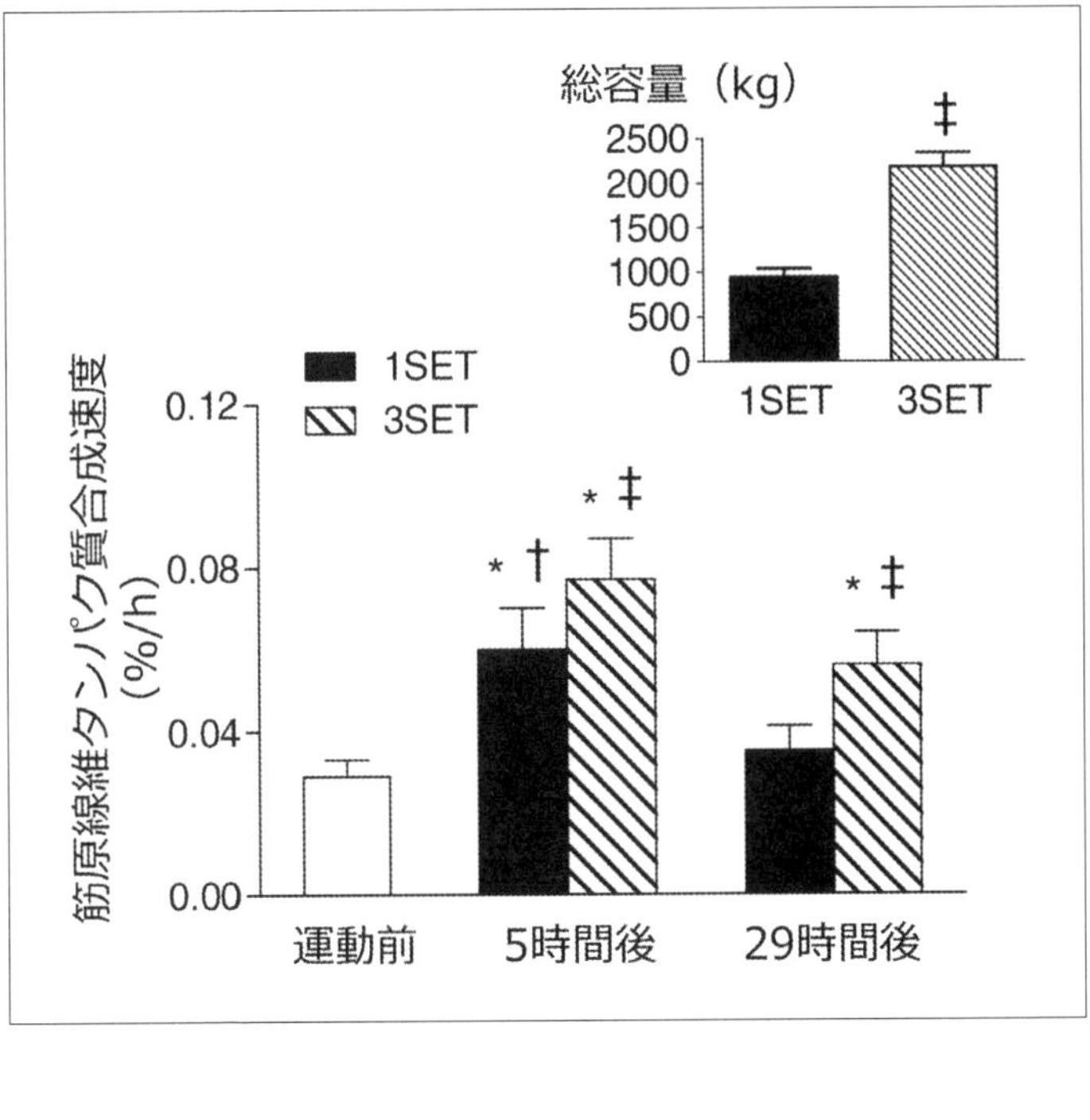

図4

動物トレーニングモデル（ラット腓腹筋）における
セット数（1S-20S）とタンパク質合成（A）および
mTORシグナル伝達系活性化（p70S6Kリン酸化）の関係（B）。
＊は対照（非刺激側）との有意差、
a、b、dは他セット群との有意差を示す（P<0.05）。
Ogasawara et al., 2017より改変

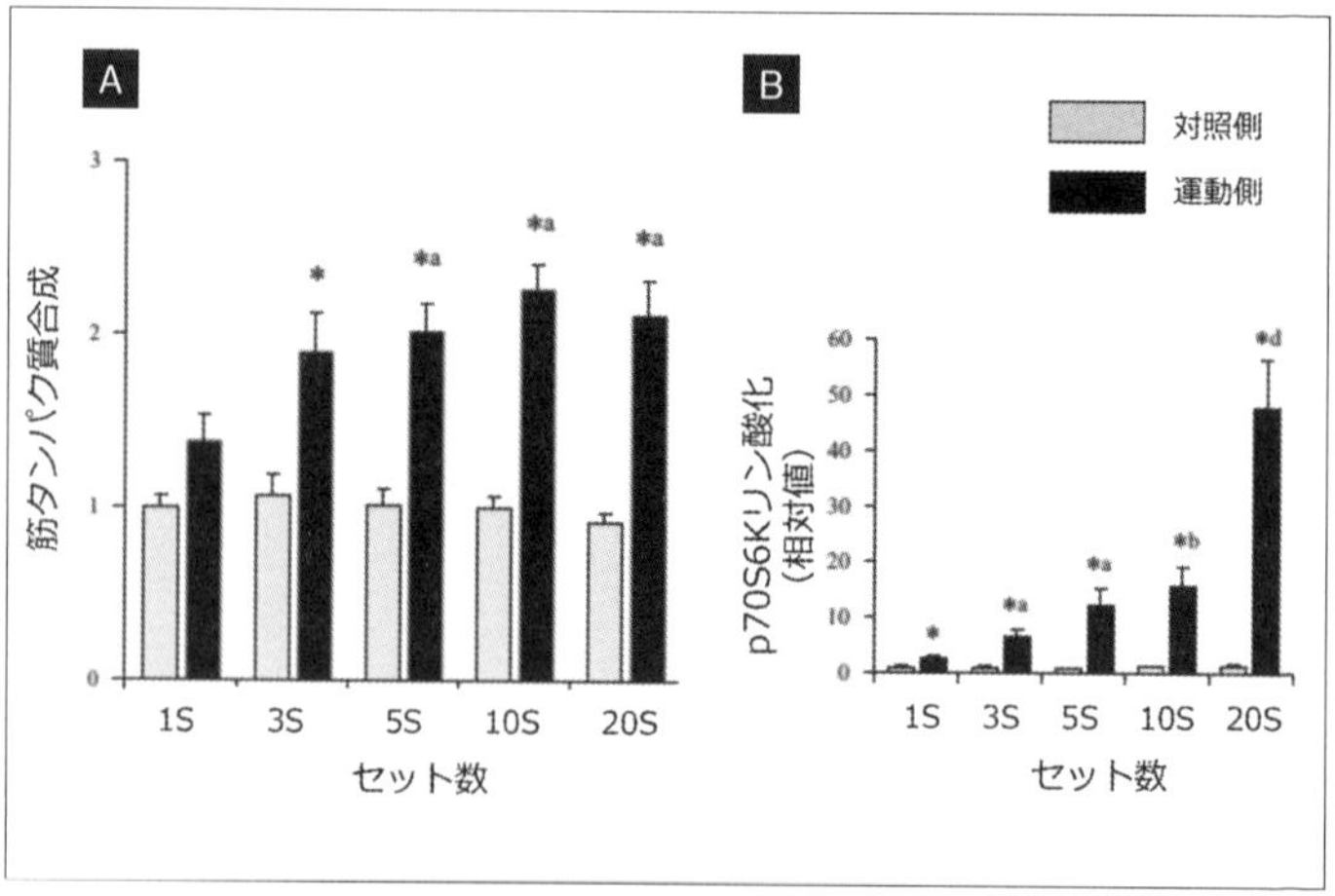

その結果、タンパク質合成量は3～5セットで「頭打ち」になりました。一方、mTORシグナル伝達系の活性化を示すp70S6Kのリン酸化の程度はセット数の増加とともに上昇し続けることがわかりました。

まとめと今後の展望：標準法は正しいが多セットのハードトレーニングにも意味がある

以上の研究結果をまとめると、長期効果としての「筋肥大」あるいは急性効果としての「タンパク質合成」は、ともに3～5セットくらいまでは増加し、その後ほぼ頭打ちになるということになります（図1の②のような関係）。それ以上行っても逆効果にはならないものの、さらなる効果はあまり期待されず、無駄になる可能性があります。

やはり「標準的プログラムは正しい」「経験に基づくものは間違いなかった」ということになるのでしょう。「1セット当たりの最適なセット数は？」と問われた場合には、ある程度自信をもって「3～5セット」あるいは「3～6セット」と答えてよいと思います。

一方、私自身の経験はどうなるのでしょう。「もっとハードなトレーニング」が意味ないものであるはずがありません。そのカギは、セット数の増加とともにタンパク質合成は頭打ちに

なっても、ｍＴＯＲシグナル伝達系の活性化は上昇し続ける点にあると考えています。

こうした状況は、タンパク質合成の指令がある程度以上に強くなっても、タンパク質合成工場であるリボソームのはたらきがそれに追いつかないために生じる可能性があります。その場合、リボソームの機能を高める、あるいはリボソームの量そのものを増やすことができれば、タンパク質合成をさらに増強することが可能かもしれません。実際にそのようなことが起こるのですが、この点については、後続の章で詳しくお話ししたいと思います。

「もっとハードなトレーニング」が
意味ないものであるはずがない。
そのカギは、セット数の増加とともに
タンパク質合成は頭打ちになっても、
mTORシグナル伝達系の活性化は
上昇し続ける点にあると考えている。
（写真は筆者の現役時代）

復習ポイント

1セット当たりの容量は強度×反復回数に比例し、強度と反復回数を一定にすれば、セッション当たりの容量は単にセット数で表すことができる。

「1セット当たりの最適なセット数は?」と問われた場合には、ある程度自信をもって「3〜5セット」あるいは「3〜6セット」と答えてよいと考える。

chapter 6

セット間休息時間の問題：長い方がよいのか短い方がよいのか？

本書ではここまで、筋肥大を主目的とし、
最も一般的なアイソトニックトレーニングを
行うことを想定して、
負荷強度と容量の影響を中心に述べてきた。
本章では、セット間休息時間と
筋肥大効果の関係について考えてみよう。

はじめに

トレーニングのプログラム変数には、筋収縮（動作）様式、負荷強度、容量、動作速度、張力発揮時間（あるいは力積）、セット間休息時間、トレーニング頻度、期間などがあります。本書ではこれまで、筋肥大を主目的とし、最も一般的なアイソトニックトレーニングを行うことを想定して、負荷強度と容量の影響を中心に述べてきました。また、動作速度と張力発揮時間については、低負荷で行うスロートレーニングの効果とその仕組みという観点から考察してきました。

本章では、セット間休息時間と筋肥大効果の関係について考えてみましょう。これまで、セット間休息時間の長さを細かく刻んで検討した研究例はなく、多くの研究が「短休息時間」（1分程度）か「長休息時間」（3～5分）のいずれかを用いています。ここでも主にこれら2者の間で比較を行っていくことにします。

「筋力強化プログラム」と「筋肥大プログラム」

レジスタンストレーニングの目的には筋力強化、筋肥大、筋持久力強化の3つがありますが、本書では主に「筋肥大」を主題としています。「筋力強化」は筋肥大を抑えながら筋力を高めるもので、主に中枢神経系の機能強化をはかります。「筋肥大」は筋横断面積の増加とそれに概ね比例した筋力向上効果をいいます。

筋力強化のためのプログラムは「パワーリフタータイプ」とも呼ばれ、典型的には90％1RM以上の負荷強度、2～4回程度／セット、3分以上の長いセット間休息時間で構成されます。このように、負荷強度が大きく、セット当たりの容量が少ないトレーニングで筋肥大が起こりにくい理由については、すでにchapter2で考察しました。

一方、筋肥大のためのプログラムは「ボディビルダータイプ」とも呼ばれ、70～80％1RMの負荷強度、8～12回程度／セットの反復回数、1分～1分半程度の短いセット間休息時間で構成されます（図1）。

セット間インターバルを短くすることは、筋をすばやく疲労困憊に至らせることで、代謝的刺激を強くする効果があると考えられています。しかし、2010年頃から、こうした考え方が徐々に変わりつつあります。

図1

トレーニングプログラムが血中テストステロンおよび
成長ホルモンに及ぼす効果。
大筋群を対象とした種目（スクワットなど）を、
5RM強度で3分のセット間休息時間（プロトコル1）で行った場合と、
10RM強度で1分のセット間休息時間（プロトコル2）で行った場合の比較。
P、M、15minはそれぞれ、運動前、運動中、運動15分後を示す。
ホルモン濃度は運動前の値に対する相対値で示す。
石井, JATIトレーニング指導者テキスト(2009)より改変

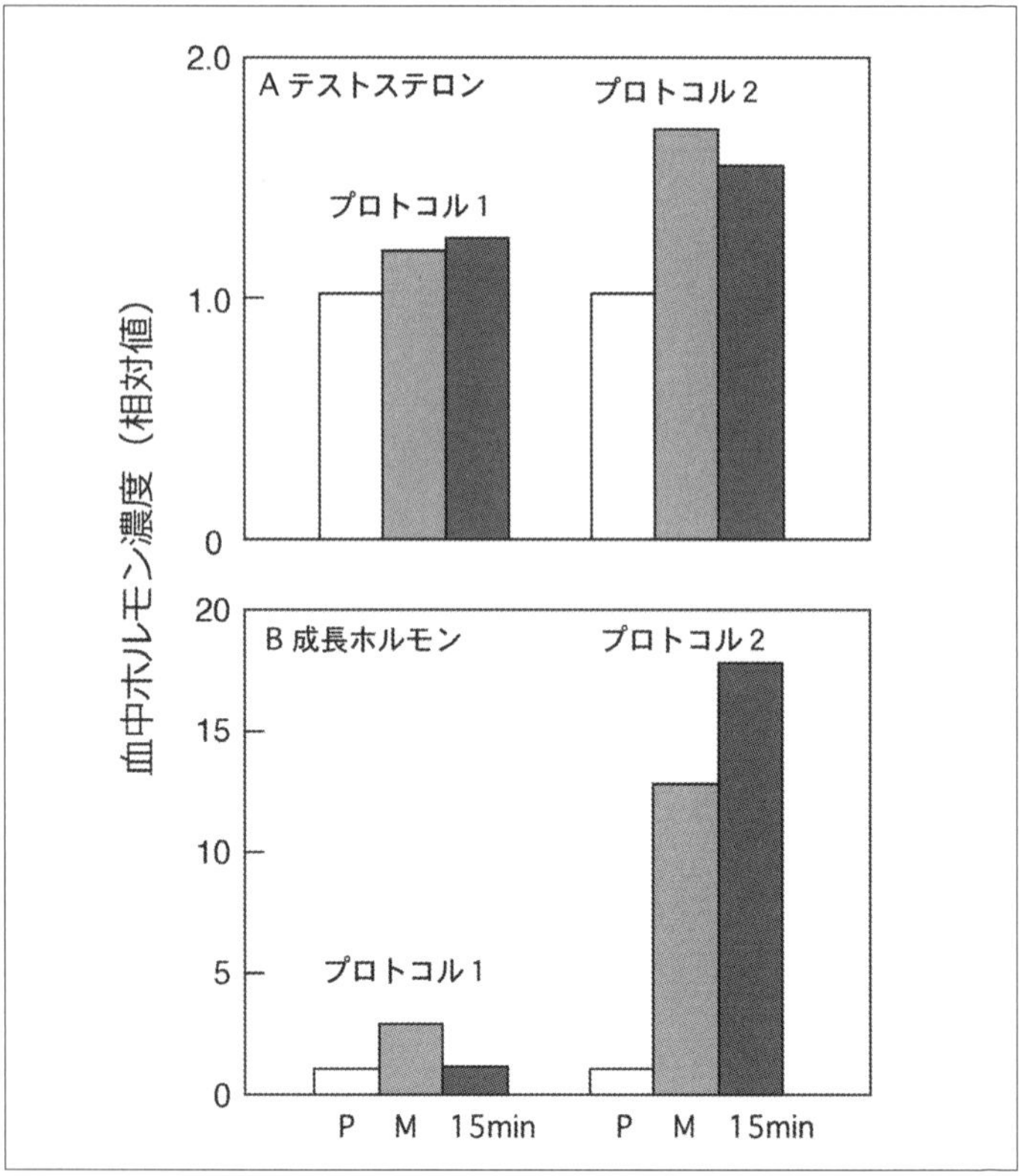

根拠とされてきたアナボリックホルモンの反応

筋肥大のために短いセット間休息時間を用いる根拠に、男性ホルモン（テストステロン）や成長ホルモンなどのアナボリックホルモンの急性反応があります。

図1は、大筋群を対象としたトレーニングをパワーリフタータイプ（強度5RM、セット間休息時間3分：プロトコル2）とボディビルダータイプ（強度10RM、セット間休息時間1分：プロトコル1）で行った場合の血中テストステロン濃度と血中成長ホルモン濃度の変化を模式的に示したものです。両ホルモンとも、ボディビルダータイプのトレーニングプログラムに対してより大きな増加反応を示します。

また、2009年に公表されたレビュー（De Sallesら、2009）は、セット間休息時間の異なるトレーニングプログラムを用いた35篇の研究論文について分析し、筋力には3～5分の休息時間が効果的である一方、筋肥大には強度をやや落として30～60秒の休息時間をとるのが効果的であり、その理由は成長ホルモンの分泌応答が大きいからではないかと結論づけています。

しかし、chapter1でも述べたように、アナボリックホルモンは、筋肥大効果を助長することはあってもその主要因となるわけではありません。また、筋タンパク質合成を高めるような筋活動が、たまたま平行現象として大きなホルモン応答を引き起こしている可能性もあります。さらに、筋肥大のためには、80％1RM（または8～10RM）程度の負荷強度と短いセット間休息時間の両者が本当に必要かという点についても明確ではありません。

セット間休息時間は長めの方がよい？

こうした背景のもと、Schoenfeldら（2016）は、トレーニング実践者を対象に、ベンチプレス、スクワットなどの7種目、8～12RM×3セット×3回／週×8週間というトレーニングプログラムを、セット間休息時間1分のグループ（SHORT）と3分のグループ（LONG）に分けて実施し効果を調べています。

その結果、LONGの方がSHORTに比べ、ベンチプレスとスクワットの1RM筋力でも、大腿前面の筋厚でも有意に増加量が多く、上腕三頭筋の筋厚では増加量が多い傾向が見られたと報告しています。

この結果は、少なくともトレーニング実践者では、筋肥大を主目的とするプログラムにおいても、セット間休息時間は1分程度ではなく3分程度とった方がよいことを示唆しています。

その要因は、長い休息時間をとることにより、2セット目以降の容量が大きくなり（所定の

RMに相当する強度を維持できる）、トレーニングの質が向上するためと考えられます。実際、週当たりのトレーニング容量では、LONGの方がSHORTに比べて10％ほど大きくなっています。

トレーニング未経験者や初心者の場合にも同様の結果となるかは不明です。しかし一般論として、トレーニングの質を低下させてしまうほどセット間休息時間を短くすることは、逆効果につながる可能性があるといえるでしょう。

セット間休息時間とタンパク質合成

一方、McKendryら（2016）はセット間休息時間と筋タンパク質合成の関係を報告しています。この研究では、趣味的なトレーニング実践者（トレーニング歴5年程度）を対象とし、レッグプレスとニーエクステンションをそれぞれ、75％1RM×RM×4セット、セット間休息時間1分で実施した場合（8名）と5分で実施した場合（8名）の効果を比較しています。筋タンパク質合成は、これまでに何回か紹介した研究例と同様、^{13}C－フェニルアラニンの外側広筋バイオプシーへの取り込み量から推定します。

図2は運動前、運動後0～4時間、運動後24～28時間のタンパク質合成速度を示しています。

図2

ヒト膝伸筋のトレーニング(筋肥大タイプ)におけるセット間休息時間と筋タンパク質合成速度の関係。

タンパク質合成速度は時間当たりの
^{13}C-フェニルアラニン取り込み量より推定。

平均値±標準誤差(n=8)で示す。

*は運動前との有意差;†は0-4時間後での休息時間1分との有意差;‡24-28時間後での休息時間5分との有意差を示す($P<0.05$)。

McKendry et al., 2016より改変

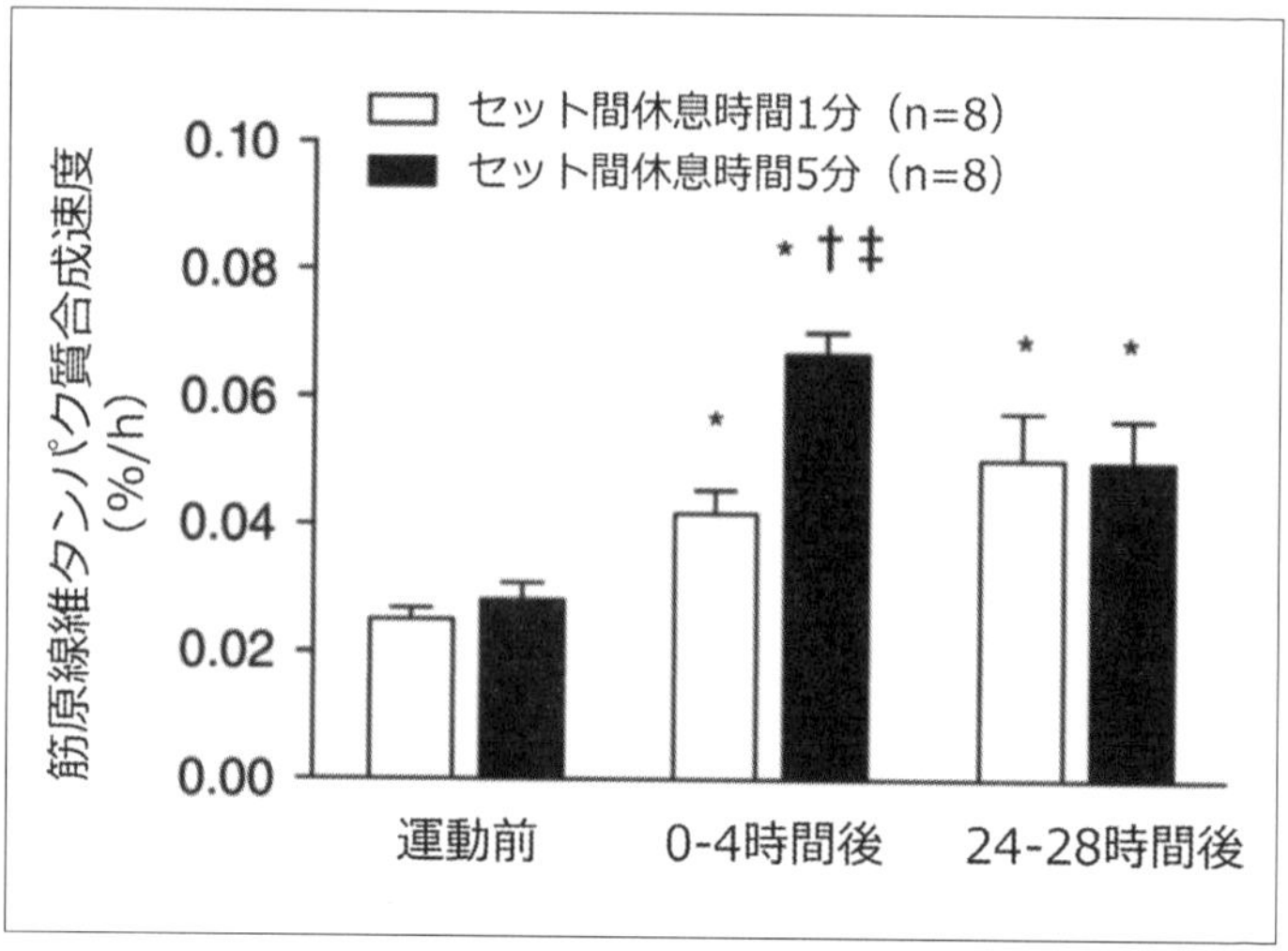

運動後のタンパク質合成の増加はセット間休息時間によらず起こりますが、早期（0〜4時間後）のタンパク質合成の増加の程度は、休息時間5分の方が1分に比べて有意に大きくなっています。また、mTORシグナル伝達系の活性化の程度についても同様に、休息時間5分の方が1分に比べて大きいと報告されています。

一方、血中成長ホルモンについては、休息時間5分の方が1分よりも増加量が若干多く、逆に総テストステロンおよび遊離テストステロン（結合タンパク質に結合していないもの）については休息時間1分の方が5分よりも高値を示しています（図3A〜C）。

血中乳酸濃度については、休息時間1分の方が5分よりやや高値を示していますが、5分の方は運動終了直後（0分）にオフピークになっている可能性があります（図3D）。いずれの場合にもきわめて高いレベルにまで達していますので、どちらのプロトコルでも速筋線維は十分に動員されていると考えられます。

これらの結果から、タンパク質合成の観点からもセット間休息時間はむしろ長めにとる方がよいことが示唆されます。また、ホルモン反応や血中乳酸濃度については、セット間休息時間を変えても、強度を変えなければあまり大きな影響は受けないようです。

図3

ヒト膝伸筋のトレーニング(筋肥大タイプ)における
セット間休息時間と血中ホルモンおよび乳酸濃度の関係。
1Mはセット間休息時間1分、5Mはセット間休息時間5分、
平均値±標準誤差(n=7)で示す。*は運動前との有意差、
†は同時間における1Mと5Mの有意差、
‡は5Mのみにおける運動前との有意差を示す($P<0.05$)。

McKendry et al., 2016より改変。

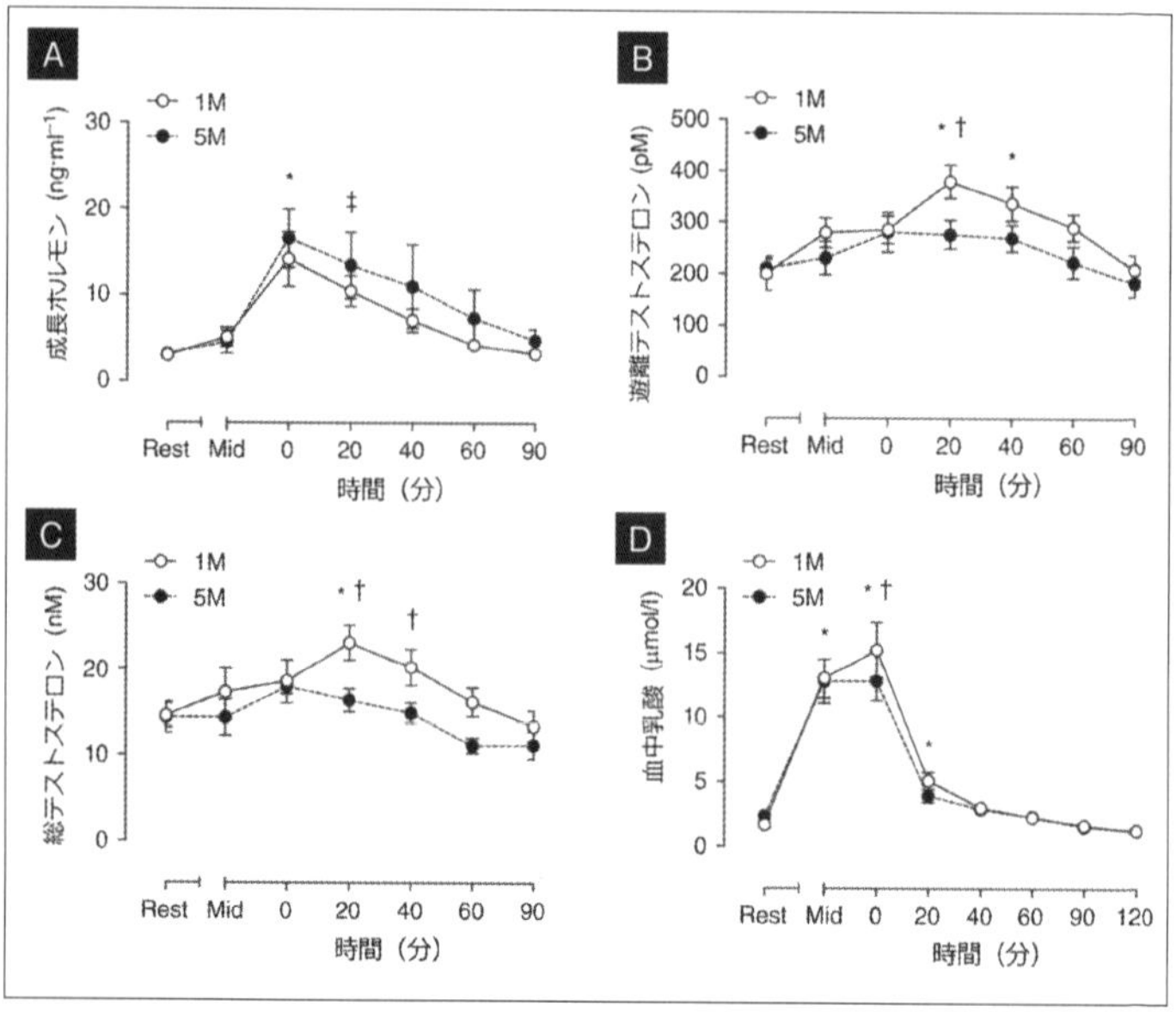

何がキーファクターなのか：効率的なトレーニングのために

以上のように、筋肥大を目的としたトレーニングプログラムにおけるセット間休息時間については、正直あまり確かなことがいえなくなってきているのが現状です。その大きな原因は、負荷強度や容量を減らさずにセット間休息時間だけを短縮することが不可能なことにあります。また、負荷強度や容量が減少しても、休息時間を短縮した方がタンパク質合成の活性化や筋肥大効果が大きいことが実証されれば、問題なく1分程度の短い休息時間を推奨できるのですが、実際にはそのようにはなりません。

それでは、長いセット間休息時間が直ちに推奨されるかというと、事はそう単純ではありません。上記のMcKendryらの研究では、セット間休息時間1分と5分で1セッション（4セット）当たりの容量を比べると、レッグプレスで約15％、ニーエクステンションで約20％の差があります（休息時間5分群＞休息時間1分群）。

トレーニング効果に影響を及ぼすキーファクターは、セット間休息時間そのものではなく、むしろトレーニング容量あるいはそれぞれのセットの「質」ではないかと考えられます。

現場的な視点で見ると、1時間にこなせるセット数は5分間のセット間休息時間で10セット程度、3分間のセット間休息時間でも15セット程度でしょう。これでは効率的なトレーニング

あくまでも一般論だが、
「トレーニングの質を維持するために、
セット間休息時間は2～3分程度とる」
とするのが安全かもしれない。

とはいえません。ピラミッド法などを用い、強度を微妙に調節することで容量を維持しつつ、セット間休息時間を1～2分に短縮した場合の効果を調べるような研究が今後望まれるところです。

現状では、あくまでも一般論ですが、「トレーニングの質を維持するために、セット間休息時間は2～3分程度とる」とするのが安全かもしれません。

復習ポイント

- 一般論として、セット間休息時間を短くすることは、トレーニングの質を低下させ逆効果につながる可能性があるといえる。

- トレーニング効果に影響を及ぼすキーファクターは、セット間休息時間そのものではなく、むしろトレーニング容量あるいはそれぞれのセットの「質」ではないかと考えられる。

chapter 7

最適なトレーニング頻度：毎日行ってはいけないのか？

標準的プログラムでは、トレーニングの
適正頻度は週2～3回といわれている。
しかし、トレーニングにおける
頻度と効果の関係については科学的知見が
不足しているのが実状だ。
本章では、動物実験の結果に基づいて、
頻度という難問について再考してみたい。

はじめに

本章では同一部位に対するトレーニングの頻度（あるいはセッション間隔）の問題を取り上げます。標準的プログラムでは、適正頻度は週2〜3回となっていますが、これに関して次のような質問をよく受けます。「毎日行ったらマイナスになるのか?」「効率を度外視すれば毎日の方が週2回より効果的ではないか?」「体力を消耗するような種目は週1回でもよいか?」等々。

こうした質問に対しては無難な回答をしてきたつもりですが、実は確信を持って答えられたわけではありません。その理由は、トレーニングにおける頻度と効果の関係についての科学的知見が不足しているからです。

しかし近年では、レジスタンストレーニングの普及拡大に伴って、トレーニング頻度そのものをテーマとする研究も増えてきているようです。筋量ではなく筋力を効果の対象としているケースがまだ多いのですが、これらの最近の研究に加え、私の研究室で行ってきた動物実験の結果に基づいて、頻度という難問について再考してみたいと思います。

便利な「超回復」という概念

これまで長い間、適切なトレーニング頻度については、一般的なストレスに対する生理応答を模したモデルで説明されてきました。図1にその一例を示します。縦軸は筋力や筋タンパク質量などのトレーニング効果に関連する指標、横軸は時間です。トレーニング刺激後、生体にはまずネガティブな方向に向かう応答として疲労が発現します。

疲労は徐々に回復し、やがて以前のレベルをオーバーシュートする相が現れ、これを「超回復」と呼びま

図1

ストレス応答における「超回復」の概念とトレーニング間隔。
2回目のトレーニング刺激を黒矢印で示す。
疲労からの回復相で次のセッションを行うと
負の効果（オーバートレーニング）につながり、
超回復相で次のセッションを行うことで効果の累積につながると考える。

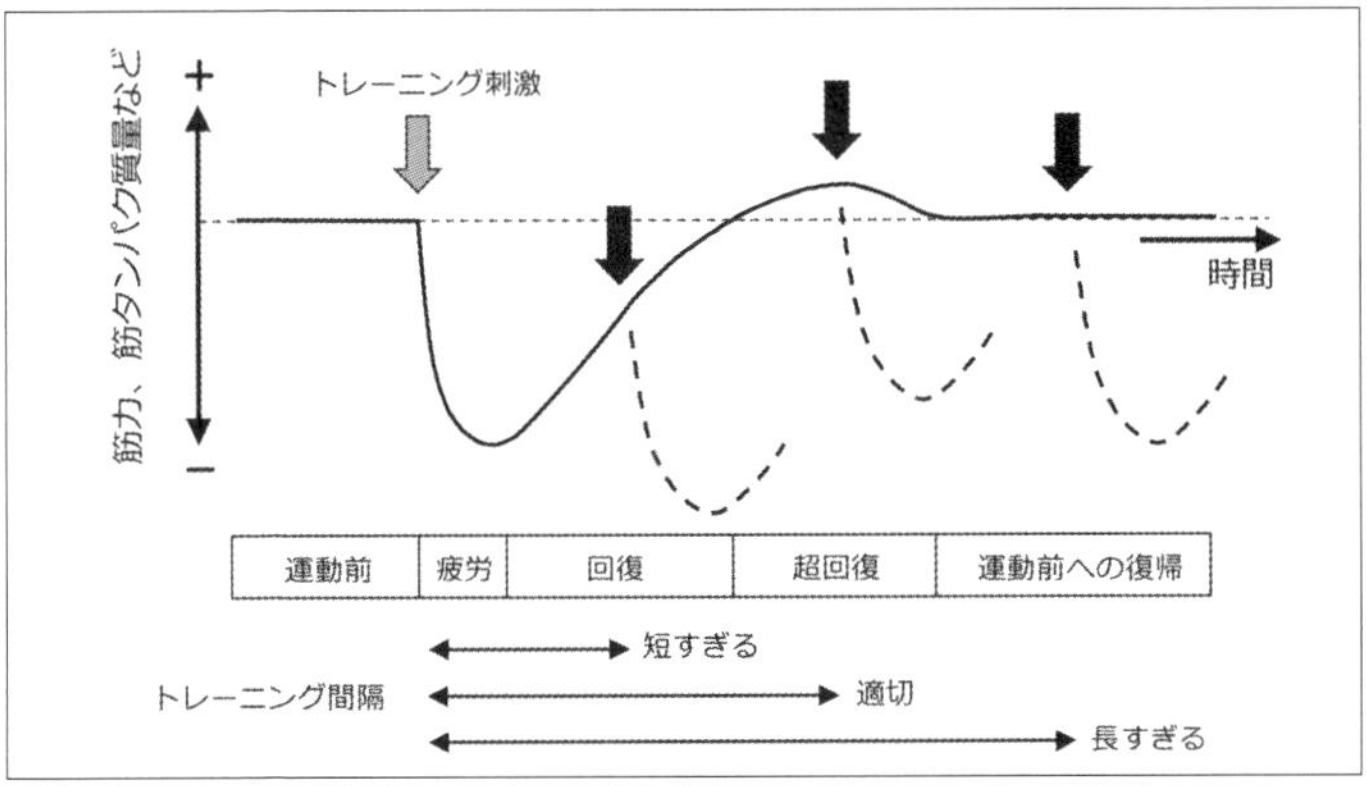

す。超回復は短期的な適応とみなすことができます。この短期的な適応を累積したものが長期的適応としてのトレーニング効果になると考えることができます。

当然、超回復相で次のセッションを行うことが効果の累積につながるので、適切な間隔を与えます。間隔を空けすぎると、疲労と回復の単なる繰り返しとなって累積効果が得られないことになります。逆に間隔を詰めすぎると、回復の途上で次の刺激を受けることになり、疲労の累積や能力の低下につながります。このような状況を「オーバートレーニング」と呼びます。

こうした説明は、視覚的にきわめてわかりやすい点で有用です。特に、「適切な頻度があること」についての説得力が強く、このことと経験則の両面から、週2〜3回を適切な頻度とする考え方が自然に定着してきたと考えられます。

超回復相を可視化できれば頻度の設定は容易と考えられますが、超回復はあくまでも「便利な概念」であり、実測することはきわめて困難です。

例えば、10週間20回のトレーニングで筋力が10％向上した場合を考えてみましょう。筋力はある日突然に増えたわけではなく、1回のセッションごとに平均0・5％ずつ増えたと考えるのが妥当です。このことは、1回のセッション当たり0・5％の「超回復」が生じていたことに相当します。これはほとんどノイズレベルの変化で、正確に検出することは不可能といえます。

特殊なトレーニングの場合

特殊なトレーニングの場合には、セッション後の筋力などを経時的に測定することが有用になることもあります。

例えば、高強度の伸張性トレーニング（エキセントリック）を行うと、筋に微小損傷が生じ、筋力は翌日から2日後にかけて60％程度にまで低下します。そこから完全に回復するまでに10日以上かかることもあります。このように疲労が大きく、その回復に時間がかかるような場合には、少なくとも初期のプログラムでは頻度を1～2週に1回程度まで落とす必要があることが示唆されます。

一方、80％1RM×8回×3セットの通常のアイソトニックトレーニングのような場合には、筋力はセッション直後に70％程度にまで低下するものの、1時間後には90％程度にまで回復します。多くの場合、翌日にはほぼ完全に回復しますので、これを毎日行うことの是非については結論付けることは困難といえるでしょう。

頻度と容量の関連

トレーニングの長期効果を指標として頻度の影響を考える場合には、頻度が容量と強く関連していることに注意が必要です。

1回のセッションの内容を同じにして頻度のみを変えると、結果的にトレーニング容量も変わってしまいます。例えば、同じプログラムを週1回行う場合と週6回行う場合では、週当たりの容量に6倍の差がありますので、トレーニング効果の違いが出ても、それが頻度によるものか容量によるものかが不明になります。

そのような場合、全体の容量を一定にするという手はあります。右に示した例では、週1回行うプログラムの容量を6分の1に減らして週6回行い、週1回との間で効果を比べればよいでしょう。しかし今度は、そもそも1回のセッションでの刺激が不十分なのではないかという問題が生じてしまいます。

研究は増えたが、結果はまだ不明確

このような解釈の難しさはありますが、2010年以降には、ヒトを対象としてトレーニングの頻度と長期効果の関係を調べる研究が増えてきています。Grgicら（2018）は、そうした研究論文の中から22篇をピックアップし、男女、種目、年代などのさまざまな条件ごとにメタ解析を行っています。

図2はその結果の一部をグラフにしたものです。トレーニング効果は筋力（主に1RM筋力）の増加を効果量にして示してあります。まず、全研究を対象とした場合、効果量はトレーニング頻度とともに有意に増加し、週4回以上（4〜6回）で最大になります。この結果は、週2〜3回を最適頻度とする標準的プログラムとは相反するように見えます。

そこで個々の研究のトレーニング内容を細かく見ると、1セッション当たり「8〜15回×1〜3セット」の範囲となっていて、強度や容量が不足気味のようです。また、対象者は主にトレーニング未実践者で、若齢男女から高齢男女まで幅広く分布しています。特に、有意な頻度の効果が認められたのは女性および高齢者が対象となる研究で、これらが全体の結果を引っ張っている可能性があります。こうした点から、頻度が高いほど効果が大きいのは、容量の増加のためではないかと考えられます。

一方、図2の下のグラフは、容量を一定にして頻度を変えた研究についての結果です。この場合には、筋力増強効果はトレーニング頻度に有意には依存しないという結果になりますが、週2回の頻度が最適となる傾向が見えます。分析対象の研究が増えれば、この点は明確になる

図2

トレーニング頻度と筋力増強効果の関連に関するメタ解析の一部。
対象としたすべての研究(22件)をまとめると、
頻度が高いほど効果は有意に大きくなる。
全体のトレーニング容量(セット数)が一定の条件では、
頻度による有意な効果の違いは認められないが、
2回/週の効果が最も大きい傾向は認められる。
縦軸は効果量、棒は平均値の標準誤差を示す。
$P<0.05$ を有意とみなす。

Grgic et al., 2018 をもとにグラフ化

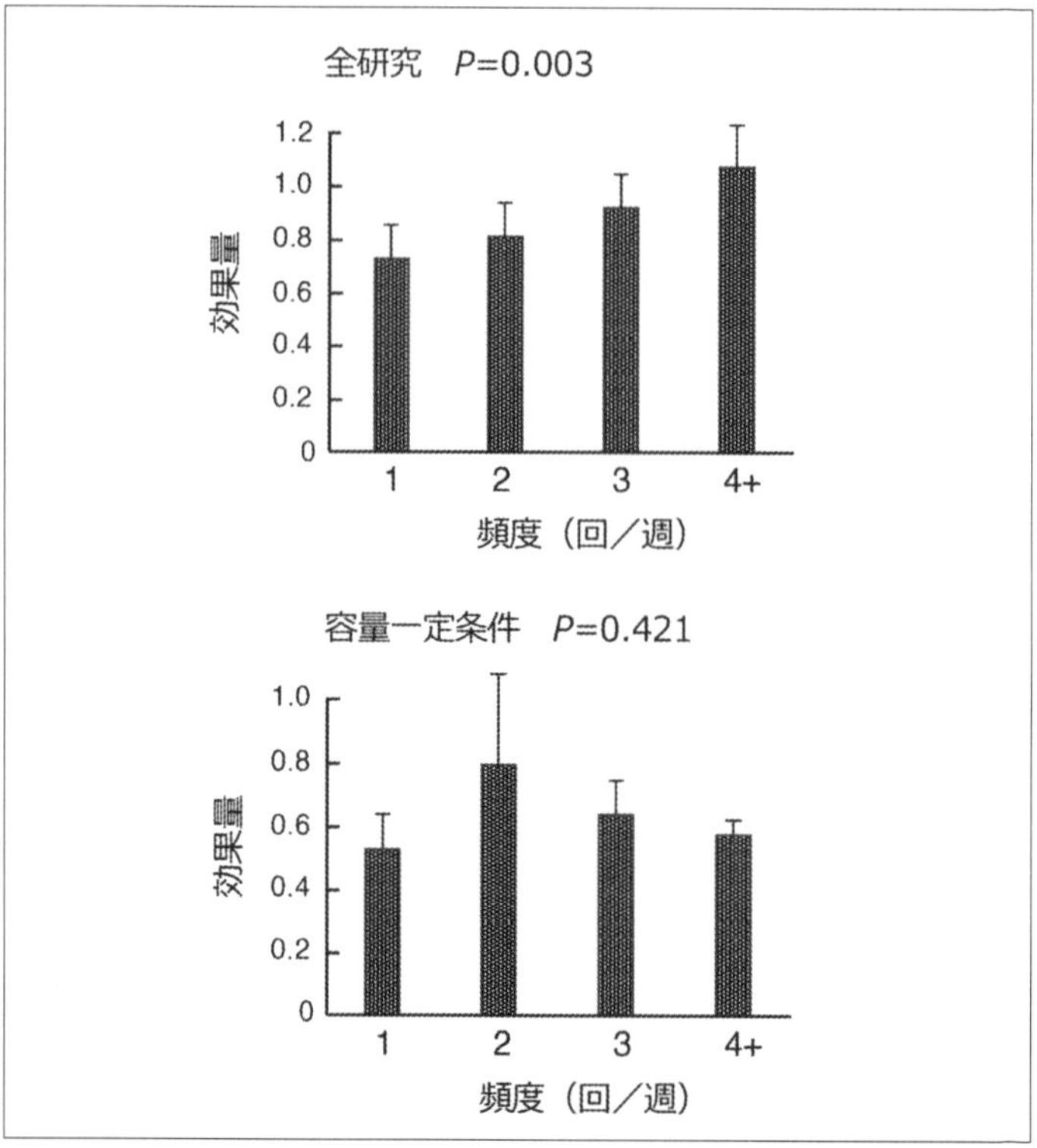

と思います。

筋肥大効果については、残念ながらまだ研究が少ないのが現状です。トレーニング実践者を対象とした研究はいくつか行われており、容量一定の条件では週1回、2回、3回、6回の頻度の間で筋肥大効果に有意差は認められないようです。ただし、上腕三頭筋については、週3回の効果が週6回に比べて高かったとされています（Saricら、2019）。

セッション間隔とタンパク質合成

私たちの研究グループでは、マウスおよびラットのトレーニングモデルを用い、セッション間隔と筋タンパク質合成反応の関係を調べました（Takegakiら、2019、2020）。対象は腓腹筋で、等尺性最大収縮3秒×10回×5セットのセッションを8時間（8H）、24時間（24H）、72時間（72H）の間隔で行いました。

図3に、3セッション目を終了してから6時間後の筋タンパク質合成量とmTORシグナル伝達活性（リボソームタンパク質S6のリン酸化）を示します。タンパク質合成は対照群に比べて72Hで有意に高く、8Hでは有意に低くなりました。一方、mTORシグナル伝達活性は8Hが最も高いという逆の結果になりました。

図3

マウス筋力トレーニングモデル(腓腹筋)における
セッション間隔と筋タンパク質合成および
mTORシグナル伝達系活性化(rpS6のリン酸化)の関係。
いずれも対照群(Control)に対する
相対値(平均値±標準誤差)で示す。
*は対照群、†は72時間群、
‡は24時間群に対する有意差を示す。
Takegaki et al., 2020より改変

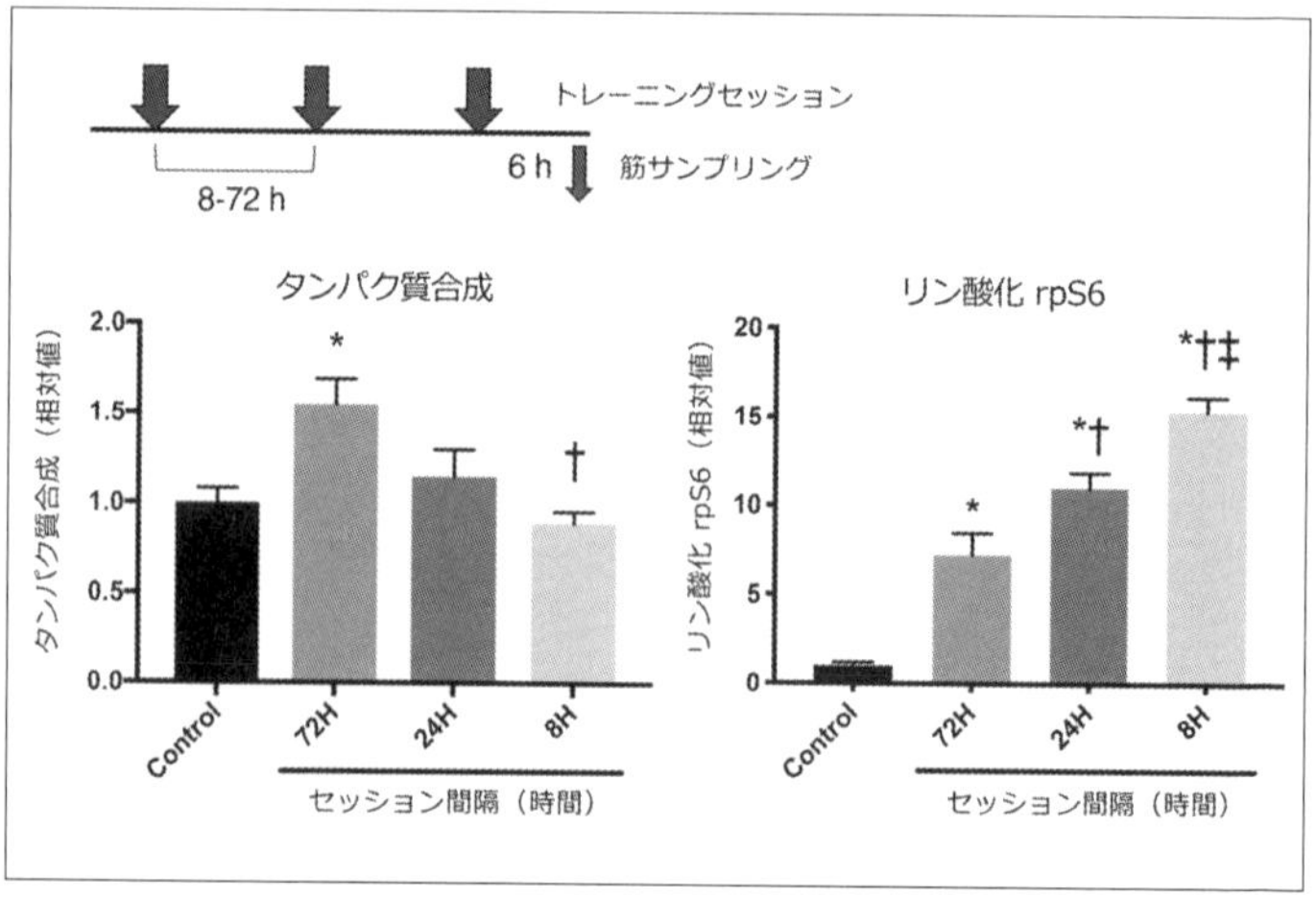

この結果は、セッション間隔を短縮するほど、筋線維内でのタンパク質合成を指令する反応系(mTOR)は強く活性化しますが、リボソームにおけるタンパク質合成自体は応じず、かえって抑制されることを示唆します。そのため、8、24、72時間の三者では72時間が筋肥大のためには最適のセッション間隔になると考えられます。

同様の条件での長期効果(計18セッション)も調べましたが、筋肥大の程度は確かに72Hで最も大きく、8Hではむしろ筋萎縮が起こりました。さらに、8Hではタンパク質分解系が亢進することも判明しました。

これらの結果を直ちにヒトに適用することはできませんが、少なくともセッション間隔を詰めすぎると筋萎縮につながることは強く示唆されます。また、マウスよりヒトの回復速度が速いという可能性は低いので、1セッションの刺激が十分に強いトレーニングの場合には、ヒトでも週2~3回の頻度(48~72時間の間隔)が適切ではないかと思われます。

セッション当たりの容量を減らし頻度を増すことは有効

以上のように、頻度に関してはまだ不明確な点が多く残されているようです。特にトレーニング実践者の場合には、スプリットルーチンを用いるなどプログラムの内容が多様になります

筋肥大効果については、
残念ながらまだ研究が少ないのが現状。
トレーニング実践者を対象とした研究は
いくつか行われており、
容量一定の条件では
週1回、2回、3回、6回の頻度の間で
筋肥大効果に有意差は認められない。

ので、一律に最適な頻度を決めるのは無理かもしれません。

一方、最近の研究から、高齢者や女性を対象とする場合にはセッション当たりの容量を減らし、週4～5回まで頻度を高めるという方法の有効性が示されたことは大きな収穫でしょう。「スクワットを1日1セット、週5日」のようなプログラムは心理的ストレスが小さく、習慣化しやすいと考えられるからです。

復習ポイント

- 超回復相を可視化できれば頻度の設定は容易と考えられるが、超回復はあくまでも「便利な概念」であり、実測することはきわめて困難。

- 頻度に関してはまだ不明確な点が多く残されている。特にトレーニング実践者の場合には、スプリットルーチンを用いるなどプログラムの内容が多様になるので、一律に最適な頻度を決めるのは無理かもしれない。

chapter 8

長期的プログラムへのヒント：❶ 筋再生系と「筋メモリー」

長期的プログラムは
トレーニング実施者にとっては
きわめて重要な問題だが、
筋生理学的にアプローチするのは
まだ困難な課題といえる。
本章では、こうした課題に挑戦する糸口として、
筋再生系のはたらきと、
「筋メモリー」（マッスルメモリー）について解説する。

はじめに

これまで、筋生理学の観点から1回のトレーニングセッションのプログラムについて考察してきましたが、本章からは長期的プログラムについて考えていきたいと思います。

長期的プログラムにおいて重要なポイントは、⑴「トレーニング効果の定着」と⑵「トレーニング効果への馴化」という2点と考えられます。前者は「トレーニング効果がどのくらい長く持続するのか」、後者は「トレーニング効果の頭打ちをどのように克服するか」といった課題に関係します。

これらはトレーニング実施者にとってはきわめて重要な問題ですが、筋生理学的にアプローチするのはまだ困難な課題といえるかもしれません。

本章では、まずこれらの課題に挑戦する糸口として、筋再生系のはたらきと、「筋メモリー」（マッスルメモリー）について解説しましょう。

筋肥大に関連する2つの経路：タンパク質代謝系と筋再生系

トレーニング刺激が筋線維の肥大をもたらす仕組みには、タンパク質代謝系と筋再生系という2つの経路が関係しています。

このうち、タンパク質代謝系の概要については、chapter 1で概説しました。簡単に振り返ると、筋線維内でmTORシグナル伝達系という反応系が活性化し、最終的にリボソームにおける翻訳過程（mRNAをもとにタンパク質を合成する仕組み）が活性化することで筋タンパク質の総量が増えます。

トレーニング刺激は同時に、筋再生系において中心的な役割を果たす筋サテライト細胞を刺激すると考えられています。筋サテライト細胞は、発生の段階で筋芽細胞から筋線維に分化せずに休眠状態となっている幹細胞（stem cell）で、筋線維の表面（正確には細胞膜と基底膜の間）に数個～十個程度散在しています。筋損傷時に新しい筋線維を再生する能力をもちますが、刺激の仕方次第では脂肪細胞になったり、骨細胞になったりします（図1A）。

この筋サテライト細胞が、単に筋損傷時だけでなく、トレーニングによる筋肥大にも関係しているのではないかということが20年以上前から議論されてきました。

筋線維は数百の核をもつ巨大な多核細胞です。一方、ひとつの核が支配できる体積は限られていると考えられ、これを「核領域」といいます（図1A）。したがって、筋線維がある限界を超えて太くなるためには核の数を増やす必要があり、筋サテライト細胞はそのための核の供給源になると考えられてきたわけです。

図1

A. 筋線維上の筋サテライト細胞、筋線維核と核領域。
B. マウス骨格筋に過負荷を与え、
代償性肥大をさせた場合の筋線維横断面積と
筋線維の長さ当たりの核数の変化。
筋線維横断面積の増大とともに核数が増加する。
Bruusgaard et al. (2010)より改変

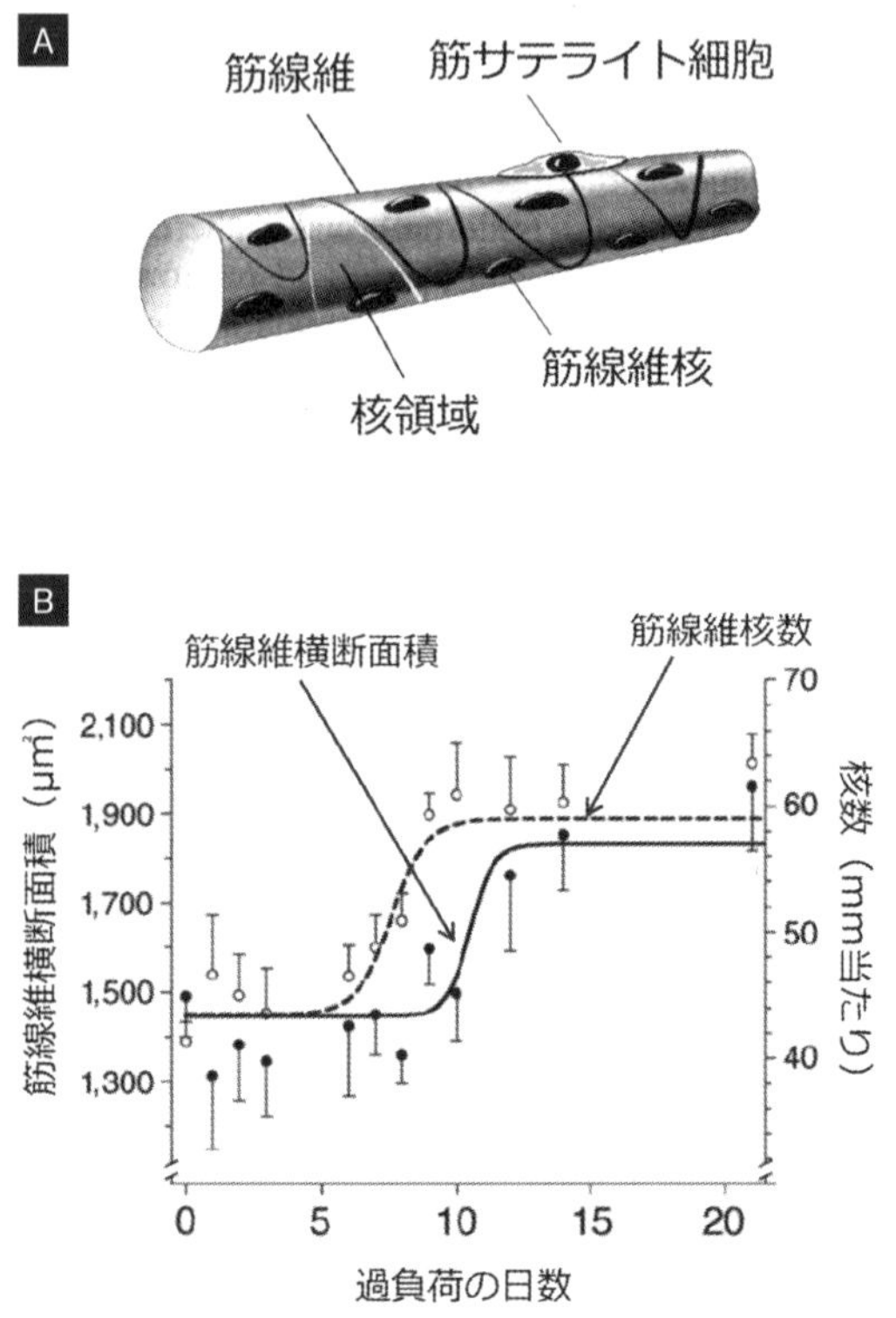

筋肥大に伴う筋線維核数の増加

この仮説を強力に支持する研究結果が、Bruusgaardら（2010）によって報告されました。彼らは、マウスの筋線維の核を生きたまま蛍光染色し、さらに過負荷を与えて代償性肥大させながら筋線維の横断面積と核数を経時的に測定しました。その結果、筋線維横断面積の増大とともに核数も増加することが示されました（図1B）。

筋線維中の核は分裂して増えることはできませんので、幹細胞である筋サテライト細胞が分裂・増殖した後に、元からある筋線維に融合することで筋線維核数が増えたのではないかと考えられます（図2）。

筋サテライト細胞の増殖を調節する因子とトレーニング刺激

すでにご紹介した通り、mTORシグナル伝達系を介した筋タンパク質合成の活性化の上流には、インスリン様成長因子（IGF-1）の受容があります。IGF-1は主にトレーニング刺激によって筋線維自身から分泌され、自己や周囲の筋線維に作用しますが（自己分泌／傍分泌）、同時に筋サテライト細胞にもはたらいて細胞周期の進行を早める作用をもちます。

図2

トレーニング刺激による筋線維核の増加と筋メモリー。

Bruusgaard et al.（2010）をもとに作図

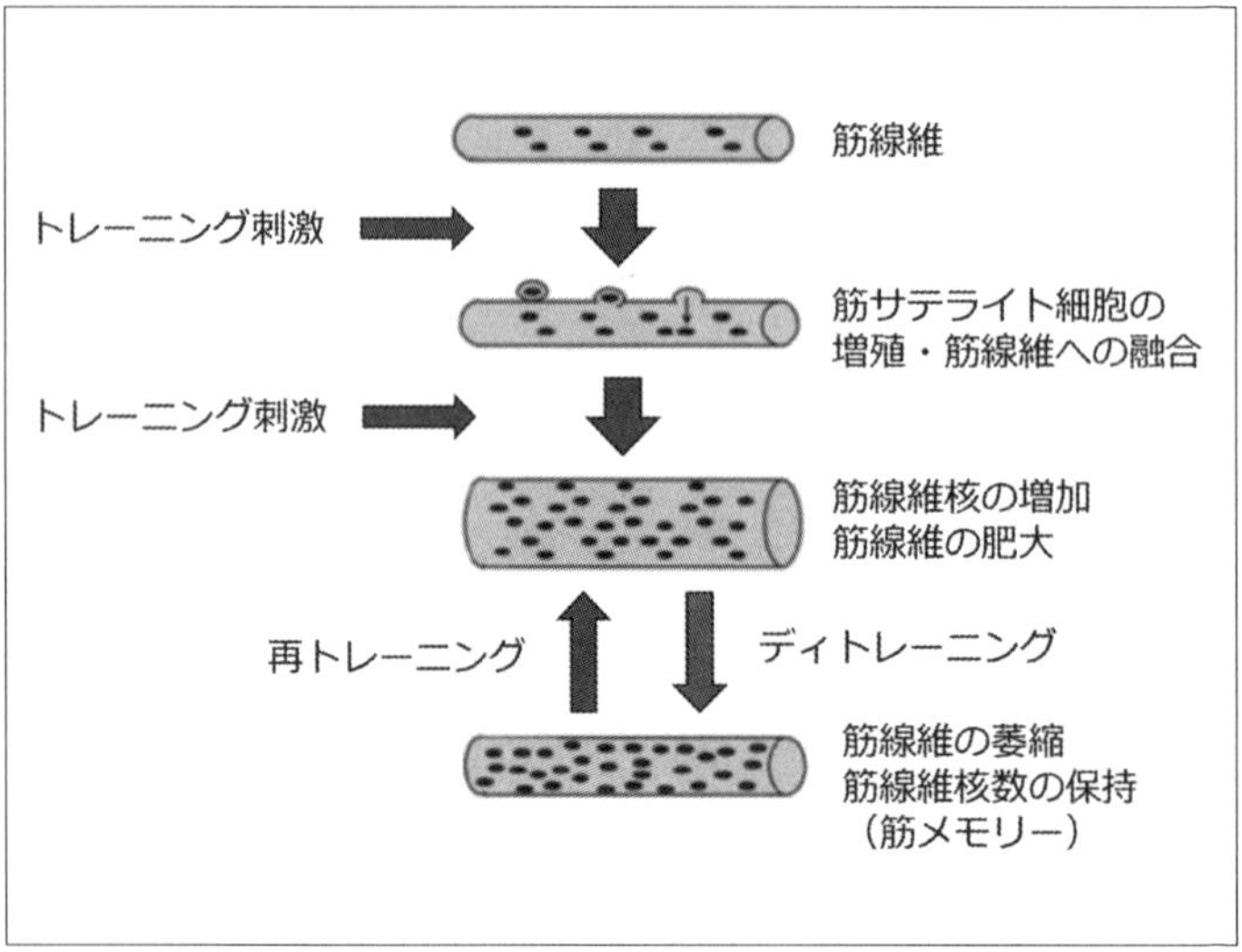

一方、筋線維からは常にマイオスタチンという成長因子が分泌されていて、筋サテライト細胞の分裂・増殖を抑制しています。結果的にマイオスタチンは筋肥大を抑制しますが、その作用から「マイオ＝筋肉を」、「スタチン＝一定にするタンパク質」と命名されました。このマイオスタチンの作用をブロックすると、著しい筋肥大が起こります。

また、トレーニング刺激によって、マイオスタチンの発現が一過的に低減することもわかっています。したがって、通常のトレーニング刺激でも、局所的なＩＧＦ‐１の増加とマイオスタチンの減少によって筋サテライト細胞の増殖が促される可能性は高いと考えられます。

筋メモリー：筋線維はトレーニング経験を記憶する？

Bruusgaardらはさらに、過負荷を与えて筋線維の肥大が起こった後に運動神経を切断し（除神経）、その後の経過を観察しています。その結果、除神経した筋線維は急速に萎縮しましたが、増加した核数は直ちには減少せず、約３ヵ月間にわたって維持されたと報告しています。

この結果は、トレーニングによって筋肥大が起こった後、一時的なディトレーニング（トレーニングの休止）によって筋が萎縮してしまっても、トレーニングを再開すれば早期のうちにディトレーニング前の状態に復帰可能なことを示唆しています（図2）。

トレーニングの現場では、経験的にそれに似た現象が起こることが認識されており、効果的・効率的なトレーニング動作が中枢神経系に記憶されているためであろうと解釈されてきました。

一方、筋線維核の増加と保持は、筋線維自身の中にトレーニング効果をメモリーする仕組みが内在するという意味で、まさに「筋メモリー」と呼べるものといえるでしょう。

薬物に対する筋メモリー：ドーピングによる失格期間は10年以上にすべき？

上記の研究では、筋を一旦肥大させた後に除神経によって筋を萎縮させてしまっていますので、実は再負荷によって筋線維が最初より「すばやく」元の状態に復帰できるかは調べようがありません。

一方、筋メモリーに相当する現象が見られることは、薬物による筋肥大の実験で示されています。

Egnerら（2013）は、マウスの筋にアナボリックステロイド（テストステロン）のペレ

図3

マウスヒラメ筋と長指伸筋（EDL）の筋線維横断面積と
筋線維核数に及ぼすテストステロンと過負荷の効果。
アルファベットはそれぞれ統計的に
有意に異なるグループを示す（$P<0.05$）。
ただし、bc は b、c と有意差がないことを示す。
Egner et al.（2013）より改変

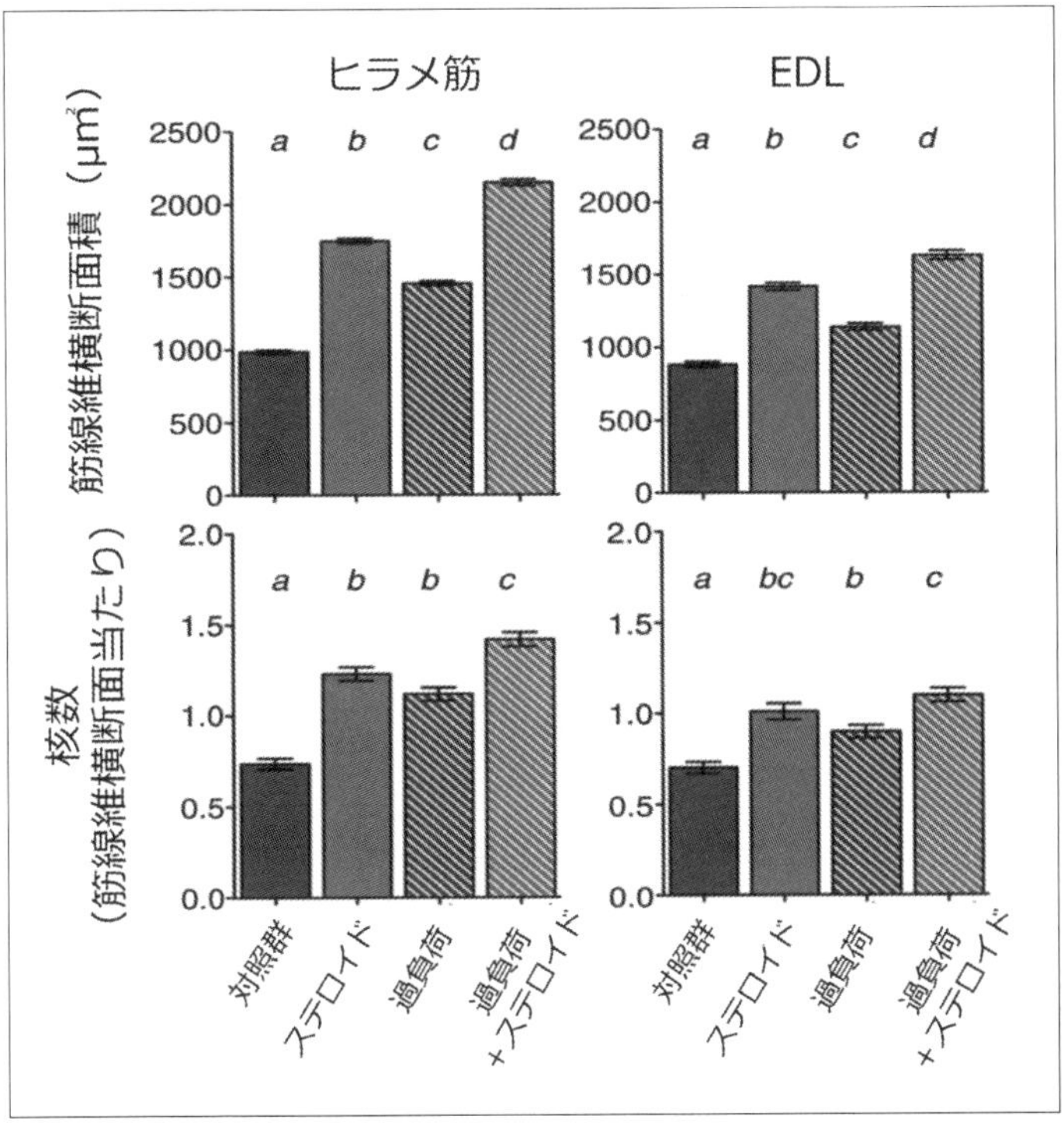

ットを一定期間埋め込むと、2週間ほどで筋肥大とともに筋線維核数の増加が起こることを示しました。協働筋切除による過負荷とテストステロンを同時に与えると、筋肥大はさらに増強されました（図3）。ステロイドがどのようにして筋サテライト細胞を活性化するのかは不明ですが、最近の研究から、IGF-1の発現を高めるためではないかと考えられます。

ここで興味深いのは、遅筋線維優位なヒラメ筋（マウスでは遅筋線維は50％ほど）の方が、速筋線維優位な長指伸筋（EDL：ほぼすべて速筋線維）に比べてより著明な効果を示している点です。ステロイドユーザーの筋肉が外観上不自然な発達を示すのは、薬物によって、通常のトレーニングでは肥大しにくい遅筋線維にも著しい肥大が起こるためではないかと思います。

Egnerらはさらに、EDLを対象として2週間テストステロンを投与してから10週間通常飼育し、その後に過負荷を与えて肥大させるという実験を行っています。その結果、過負荷を開始する時点で筋は萎縮して対照群と同レベルになりますが、過負荷に伴う筋肥大は対照群に比べてはるかに速く、高いレベルに向かって起こることが示されました（図4）。同時に、テストステロン投与群では過負荷を開始する時点で筋線維核数が対照群より高いレベルで維持されていることが示されました。

この研究は、薬物による筋肥大効果を筋線維が記憶することを示唆しますが、前述の研究と合わせると、同様のことはトレーニングによる筋肥大にも当てはまるのではないかと考えられ

図4

マウスEDLの筋線維横断面積と筋線維核数に及ぼす
テストステロン投与の長期効果。
薬物投与終了後10週には筋線維サイズは
対照群と同程度までに戻っているが、核数は高値を保っており、
過負荷に対する筋線維の肥大応答はすばやく起こる。
♯は13週との有意差、*は群間の有意差を示す（$P<0.05$）。
Egner et al.（2013）より改変

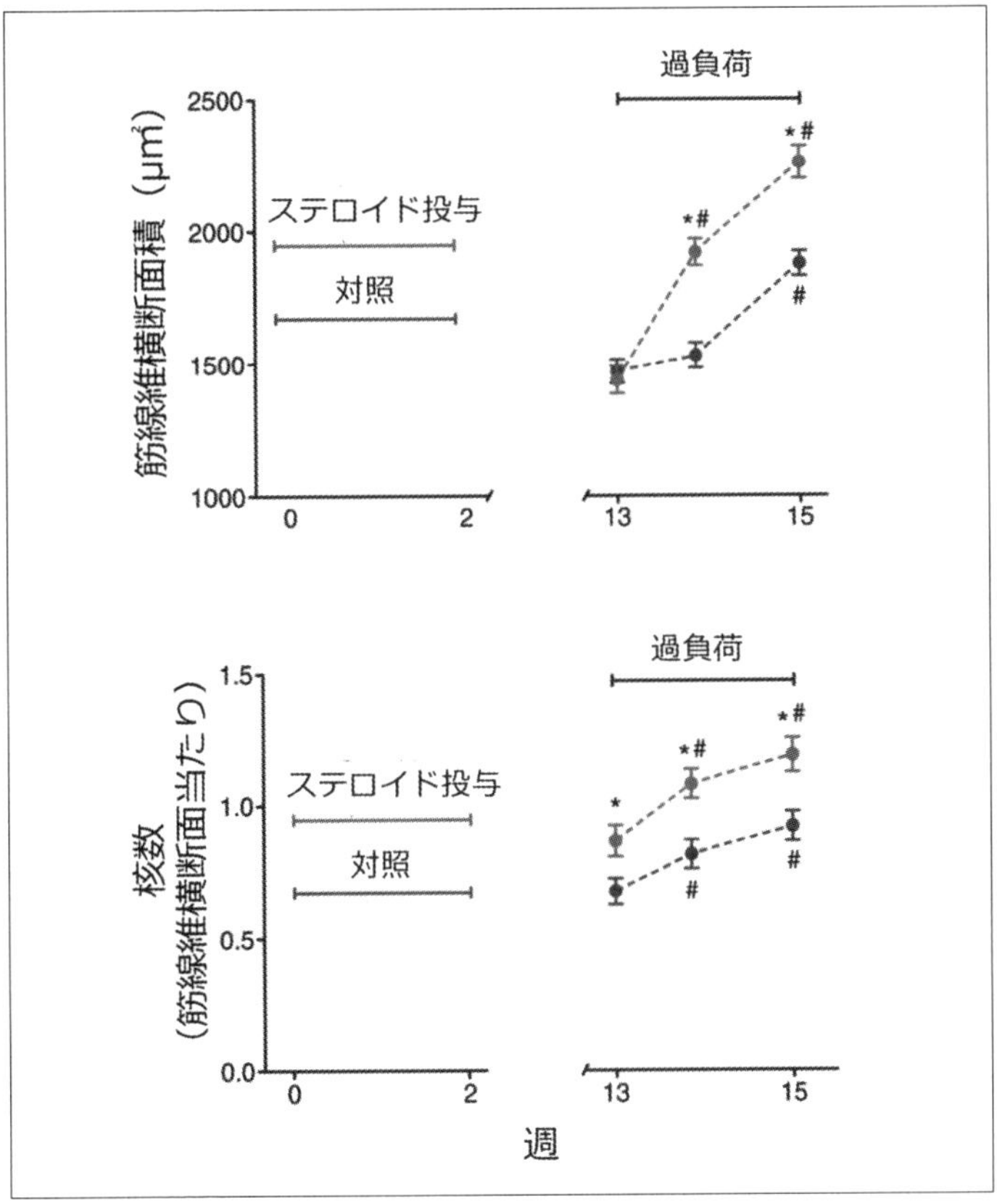

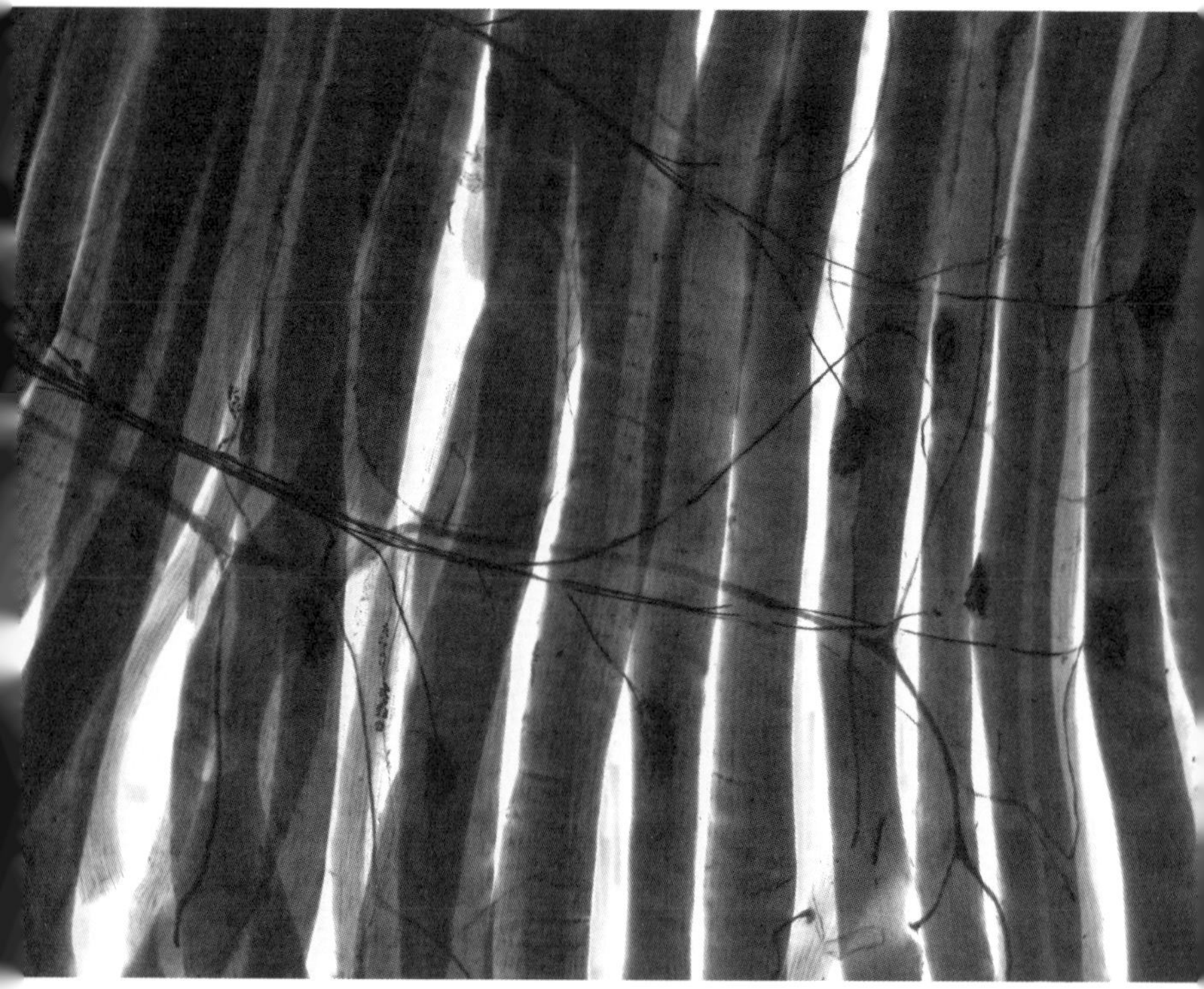

トレーニング刺激は、
筋再生系において中心的な役割を果たす
筋サテライト細胞を
刺激すると考えられている。

ます。また、著者らはこの筋メモリーの有効期間についても考察しており、マウスで約3ヵ月間なのでヒトでは約10年間ではないかと推論しています。

これは単に寿命の比較から推定したものですので、十分な根拠のある数字ではありません。しかし、この研究を根拠として、筋肉増強剤のドーピング違反を犯した選手の筋肉は長期にわたって薬物の効果を記憶しているため、失格期間を10年以上にする必要があるのではないかという議論もなされています。

トレーニング刺激による筋線維核数の増加が、ヒトの筋でも同様に起こるかについては、まだ十分には検証されていません。実験手法的な困難さがその主な原因と考えられ、肯定的な研究と否定的な研究が混在しているのが現状です。この点の詳細については、Ishiiらの総説（2012）を参照いただければと思います。

次章では、筋メモリーをトレーニングの長期プログラムに利用できないかを考えてみます。

復習ポイント

トレーニングによって筋肥大が起こった後、一時的なディトレーニング（トレーニングの休止）によって筋が萎縮してしまっても、トレーニングを再開すれば早期のうちにディトレーニング前の状態に復帰可能⁉

「筋メモリー」の有効期間については、マウスで約3ヵ月間なのでヒトでは約10年間ではないかという推論がある。

chapter 9

長期的プログラムへのヒント：2「筋メモリー」をピリオダイゼーションに応用する

筋線維のサイズはトレーニング再開とともに
早期のうちに回復すると考えられ、
こうした現象を「筋メモリー」と
呼ぶことができる。
本章では、この筋メモリーをトレーニングの
長期プログラムに積極的に応用できないか
ということについて考えてみたい。

はじめに

前章では、筋力トレーニングによる筋肥大のメカニズムに、筋線維内の核数の増加が関わっている可能性があることをお話ししました。一度増加した筋線維核数は、トレーニング休止により筋線維が萎縮してしまっても長期間維持されるため、筋線維のサイズはトレーニング再開とともに早期のうちに回復すると考えられます。こうした現象を「筋メモリー」と呼ぶことができます。

筋線維そのものにトレーニング後の状態を一定期間メモリーする仕組みが内蔵されているとすれば、競技選手は負傷をしても安心して治療に専念したり、完全休息をとったりできるといえるでしょう。

本章では、この筋メモリーをトレーニングの長期プログラムに積極的に応用できないかということを考えてみたいと思います。

筋メモリーとトレーニング刺激への馴化・再感作

トレーニングの休止・再開に伴う筋の反応には、筋メモリーだけでなく、トレーニング刺激への馴化《じゅんか》（脱感作：感受性の低下）と再感作《さいかんさ》（感受性の再上昇）という現象も関連していると考えられます（図1）。

一般に、トレーニングによる筋肥大や筋力増加の速度はトレーニング期間とともに低下してゆき、やがて「頭打ち」になります。こうした頭打ち現象は、単に相対的強度を一定に保つ（筋力の増強とともに絶対的強度を漸増する）ということでは避けることはできません。

このプラトー状態を克服し、一段高いレベルへステップアップできるかが、長期的な視野でトレーニングが成功するかどうかのカギになるともいえるでしょう。

トレーニング効果の頭打ち現象には、少なくとも部分的にトレーニング刺激への「慣れ」に伴う感受性の低下、すなわち馴化が関与していると考えられます。そうすると、トレーニング効果が十分に現れている状態では、筋メモリーと馴化という二つの現象が筋線維内に生じていることになります。

ここで一定期間トレーニングを休止すると、筋量や筋力は減少に転じますが、筋メモリーは残存する一方、馴化は徐々に解消され再感作が生じる可能性があります。この状態でトレーニングを再開するとどうなるでしょうか。一旦低減した筋量や筋力が、トレーニングを休止せずに継続した場合のレベルに向かって急速に上昇することは容易に想像されますが（図1中の曲線②）、それを追い越す可能性もないとはいえません（図1中の曲線①）。

図1

トレーニングの継続に伴う筋量や筋力の変化の模式図。
破線は途中で一定期間トレーニングを休止し、
再開した場合を示す。

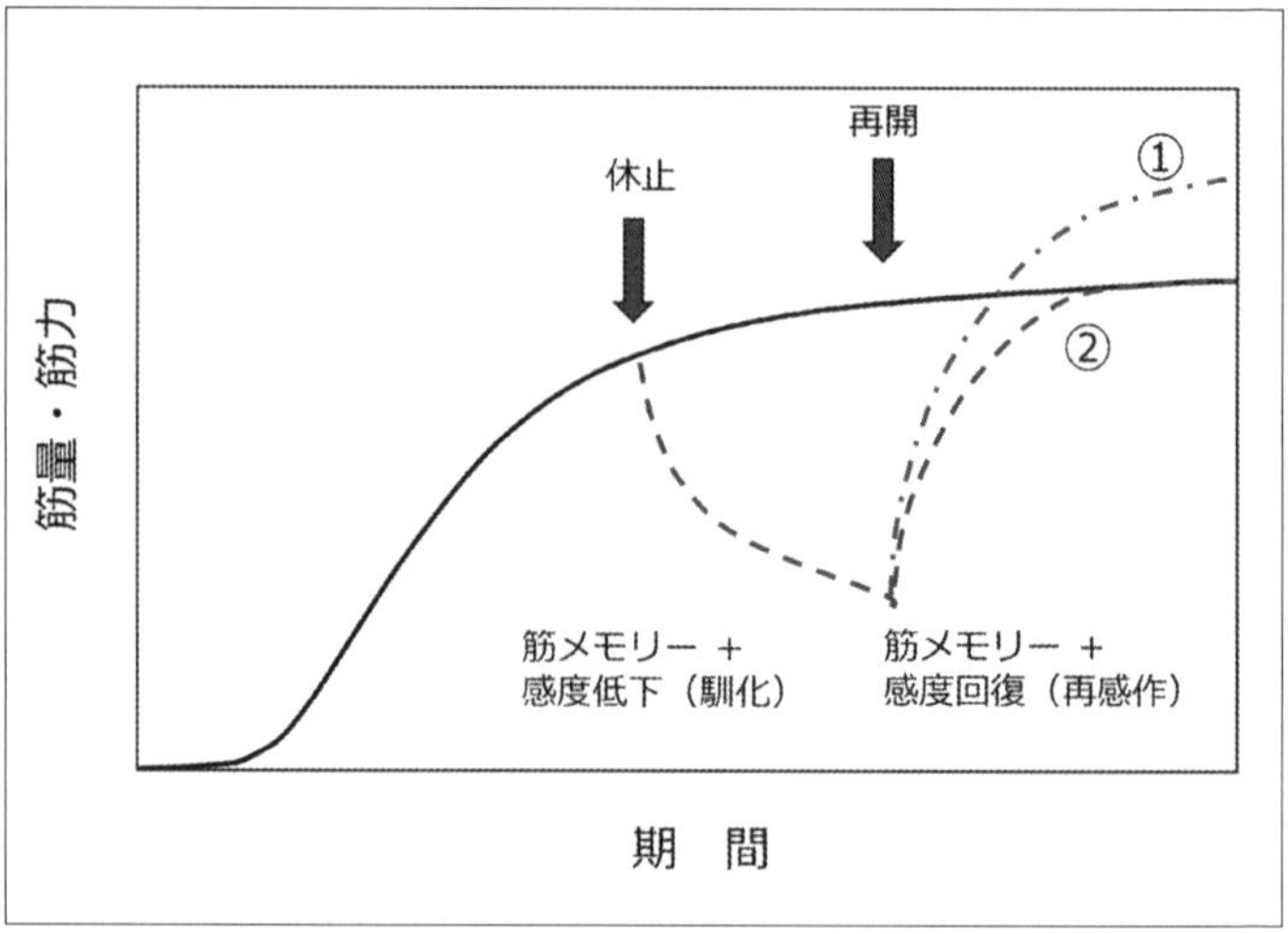

私たちの研究グループでは、そうした可能性を探る目的で実験を行いました。

シグナル伝達系で馴化と再感作が起こる

まず、ラットの筋力トレーニングモデル系を用い、トレーニングの継続に伴ってどのようにトレーニング刺激に対する馴化や再感作が起こるのかを調べました。下腿三頭筋を対象とし、等尺性最大収縮5回×5セットを1日おきに18セッション（18 bouts）、36日間行いました。12セッション目（12 bout）が終了した時点でラットを2群に分け、片方はそのまま18セッション目まで継続する群（18 bout群）、他方は残りの6セッションのうち最初の5セッション（11日間分）を完全休止した後に1セッション行う群（DT群）としました（図2A）。

1セッション、12セッションおよび18セッション（DT群では休止後のセッション）終了の24時間後に筋を摘出し、mTORシグナル伝達活性を調べた結果の一部を図2Bに示します。縦軸はmTORシグナル伝達系の最終段階に近い、RS6（リボソームタンパク質S6）のリン酸化レベルを示しますが、1セッション後に比べ、12セッション後、18セッション後と進むにしたがって次第に低下していることがわかります。

一方、12セッション以降でトレーニングを休止した群（DT群）では、1セッション後とほ

図2

ラットのトレーニングモデルにおける馴化と再感作。
A、グループ分け。
B、各グループにおけるRS6(リボソームタンパク質S6)の
リン酸化のレベル。
平均値±標準偏差(n=5)。
*、**は対照側に対して有意差を示す
(それぞれP<0.05、P<0.01)。
a、aa、c はそれぞれ他記号のグループに対して
有意差があることを示す(P<0.05)。
トレーニングセッション(bout)の進行に伴い、
mTORシグナル伝達系の活性化が減弱し(馴化)、
休止(DT)によって回復する(再感作)。
Ogasawara et al. (2013a)より改変

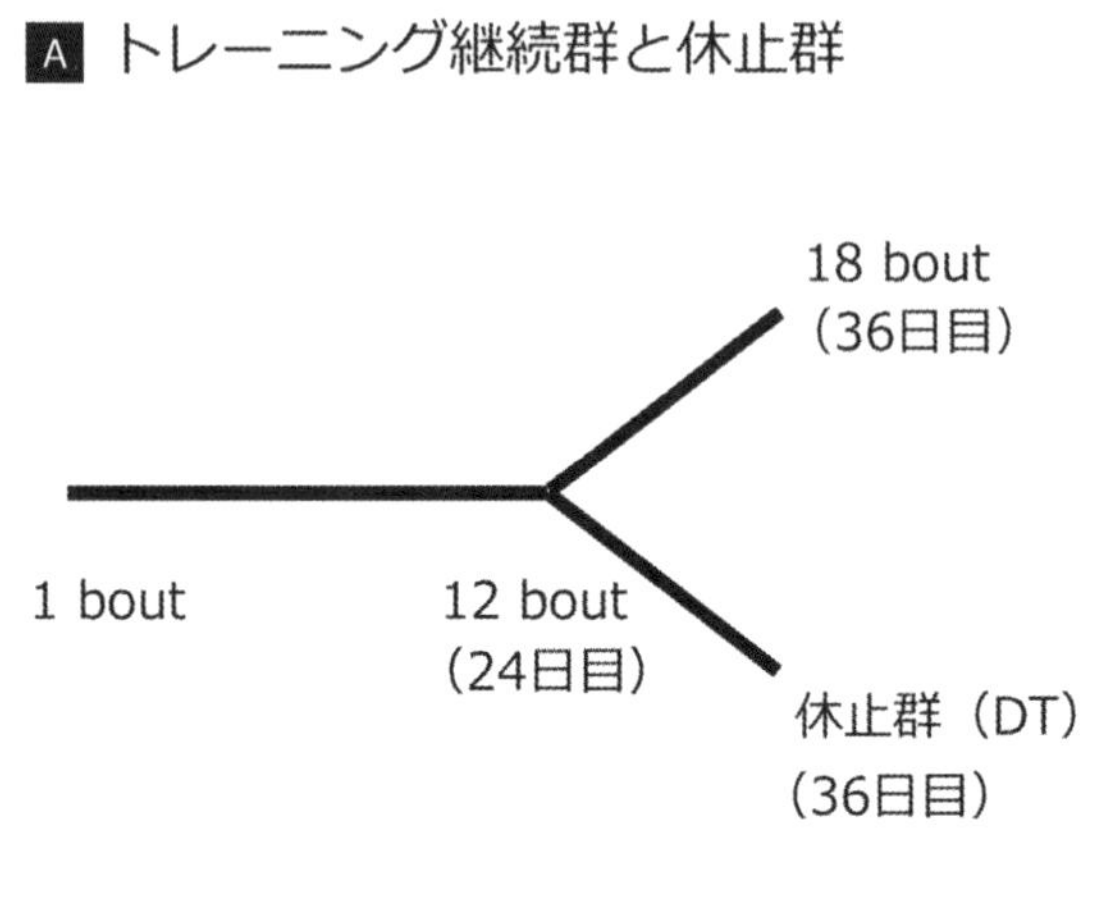

ぼ同レベルの応答が起こりました。

これらの結果は、同一のトレーニングプログラムを継続していくと、シグナル伝達系のレベルで馴化が起こってしまい、トレーニング後のタンパク質合成が低下しまうことを示しています。また、比較的短期間のトレーニング休止によって（ラットの場合には2週間ほど）シグナル伝達系の再感作が起こり、トレーニング初回時とほぼ同レベルまで反応が回復することがわかりました。

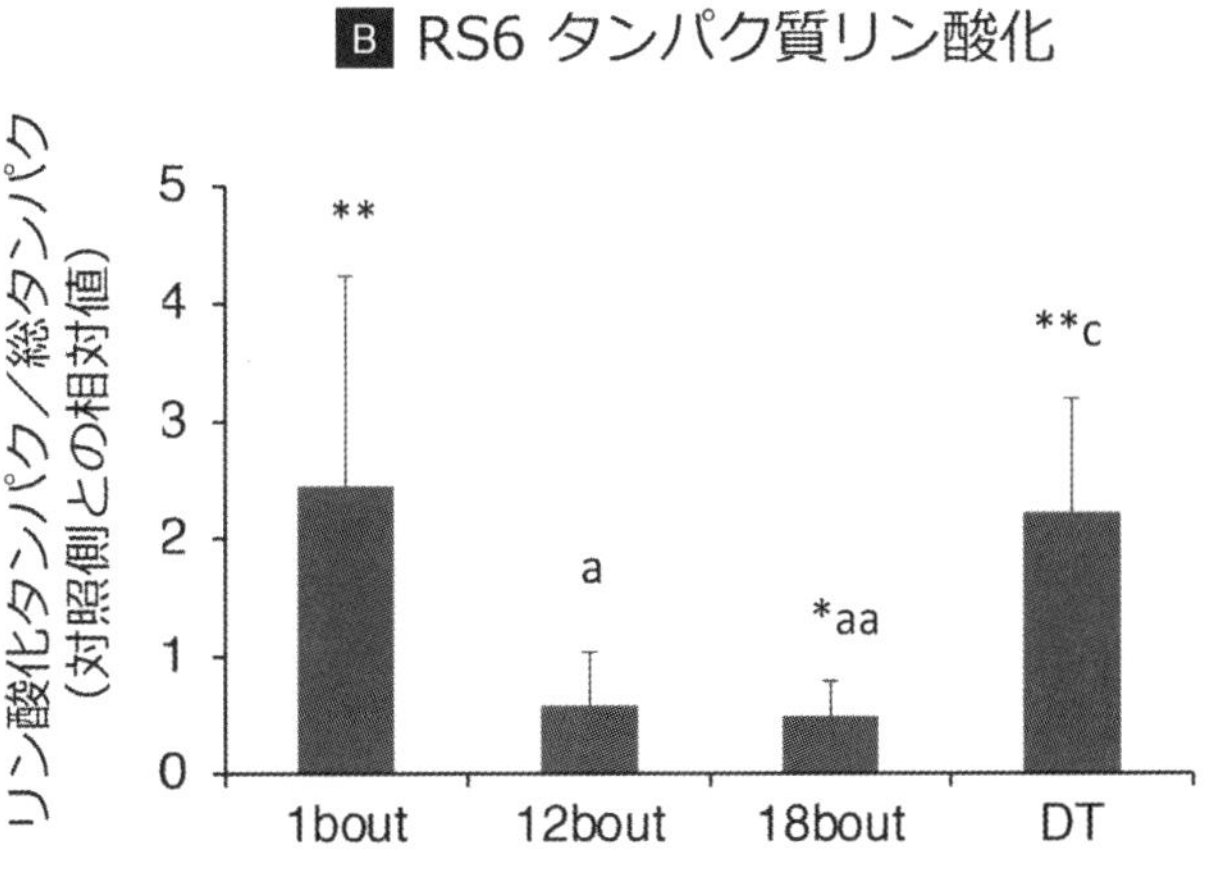

短期間のディトレーニングの効果

動物実験と並行し、ヒトを対象として実際に短期間のトレーニング休止が筋肥大と筋力にどのような効果を及ぼすかを調べました。トレーニング未経験の若齢男性を継続群と休止群の2つのグループに分け（各7名）、継続群は24週（6ヵ月）にわたりトレーニングを行い、休止群は6週間トレーニング→3週間の完全休止→6週間トレーニング→3週間の完全休止→6週間トレーニングというサイクルで行いました。種目はベンチプレスで、強度、量、頻度はそれぞれ、75％1RM（3週ごとに調整）、10回×3セット、3回／週でした。

図3に、大胸筋の断面積（体軸に対して横断面：MRIで測定）の変化を示します。対象がトレーニング初心者であったため、半年間で約30％の増加というきわめて大きな効果が生じています。休止群の変化に着目すると、3週間のトレーニング休止によって10％ほど減少していますが、続く6週間の再トレーニングで急速に増加し、継続群に追いついていいます。

最終的に6ヵ月間のトレーニング効果という観点では、継続群も休止群も差がないという結果になりました。筋力（1RM筋力）の変化はここでは示しませんが、筋断面積の場合とほぼ同様の結果になりました。

当初は、休止群の方が継続群より大きな効果を示すことも期待したのですが（図1）、残念

図3

A、ヒトを対象とした長期トレーニング実験（ベンチプレス）。
縦軸はMRIで測定した大胸筋断面積の変化。

各群7名、有意差を示す記号は省略した。

24週目は両群で有意差なし。Ogasawara et al.(2013b)より改変
B、実験結果から提案されるピリオダイゼーションの一例。

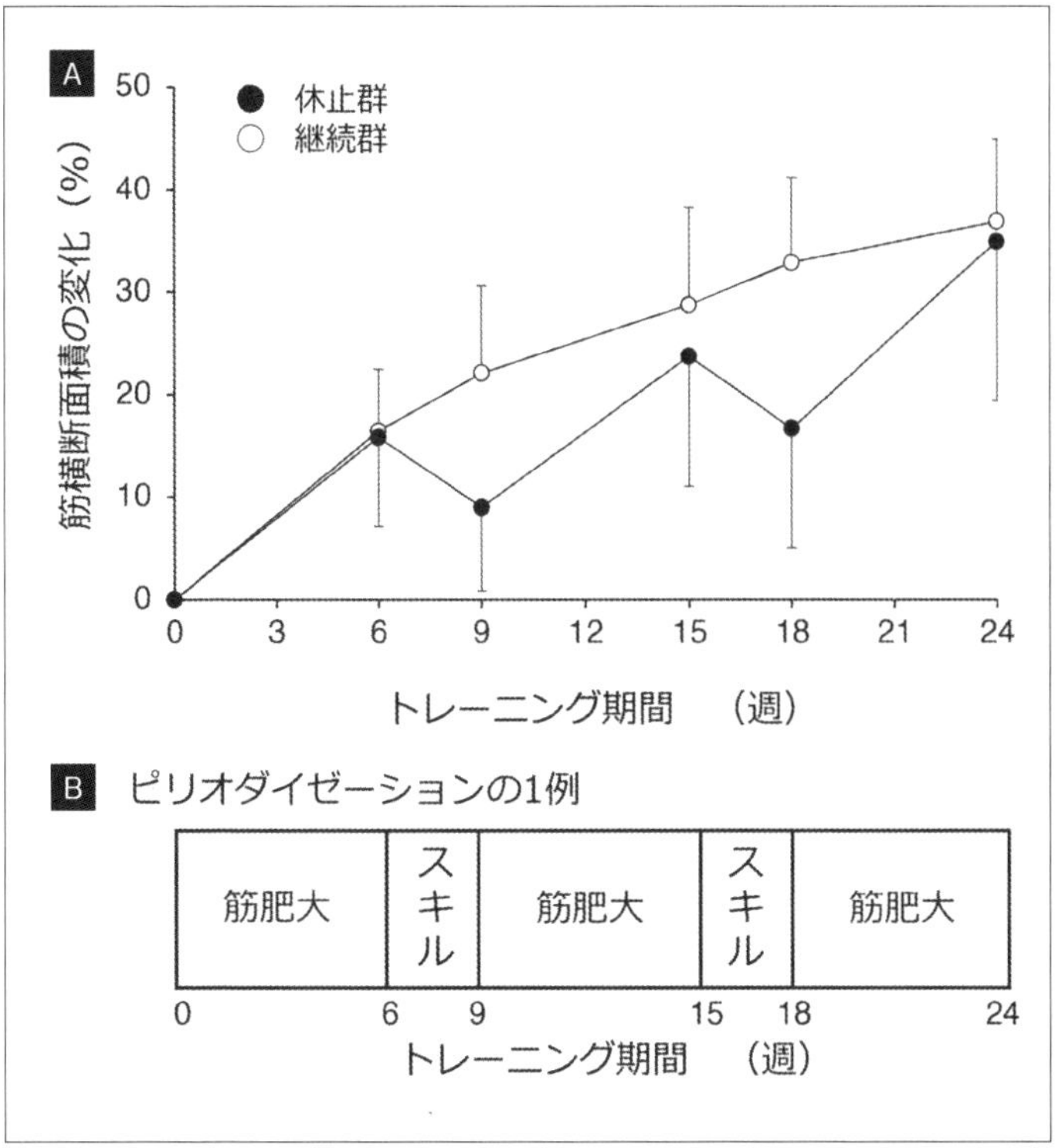

ながらそのような結果にはなりませんでした。しかし、トレーニングを半年間中断することなく継続した場合も、3週間の中断を2回（計6週間）はさんだ場合も実質的に効果に差がないという点だけでもきわめて重要な知見ではないかと思います。

半年あるいは1年程度の長期的プログラムの中で、やむを得ずトレーニングを休止しなければならないことは多々ありますが、1ヵ月程度の中断であれば大きな問題とはならないといえるからです。例えば学生のトレーニーであれば、試験期間中はトレーニングを完全に休み、勉強に集中するのがよいでしょう。

筋メモリーか再感作かは不明

上記の結果が、主に筋メモリーによるものか、あるいは馴化後の再感作によるものかは今のところ不明です。動物モデルの実験では11日の休止によってほぼ完全に馴化が消失し再感作が生じていますので、ヒトの場合でも3週間の休止によって同様に再感作は生じていると考えられます。したがって、馴化と再感作が関与しているのは間違いないと思います。一方、筋メモリーが関与しているかについては、今のところ手がかりはありません。

ヒトの場合にも筋メモリーが実在するかどうかを調べるためには、トレーニング効果が完全に消失するまで休止し、トレーニング再開から休止前のレベルに戻るまでの期間が最初のトレーニング時より短いかを調べる必要があるでしょう。

具体的には、6ヵ月のトレーニング→6ヵ月の休止→6ヵ月のトレーニングのようなプロトコルとなるでしょうが、十分に統制された条件でこのような長期にわたる実験を行うのは、かなり困難ではないかと思います。

ピリオダイゼーションへの応用の可能性

したがって、「筋メモリーを応用する」というタイトルからは若干はずれてしまうかもしれませんが、図3に示す現象を、中・長期的なピリオダイゼーションに積極的に応用できないかを考えてみましょう。

ピリオダイゼーションは、トレーニングの目的に応じてプログラムに「期分け」した変化をもたせることですが、一例として筋肥大と筋力増強という基本的フィジカルの強化を重要視しながら、同時にスキル（技術）を高めたいという場合を想定します。

典型的なピリオダイゼーションの戦略は、前半の2～3月間を筋力トレーニング中心で行い、後半の2～3月間で徐々にスキルトレーニング中心に移行するというものでしょう。後半の時

筋メモリーが実在するかどうかを
調べるためには、
トレーニング効果が
完全に消失するまで休止し、
トレーニング再開から
休止前のレベルに戻るまでの期間が
最初のトレーニング時より
短いかを調べる必要がある。

期では、筋力トレーニングは前半に増やした筋量や筋力を維持するプログラムになりますが、実際にはそれらを十分に維持できないことが多いのではないでしょうか。

そのような場合、図3Bに示すように、筋力トレーニング中心（6週間）→筋力トレーニングを完全に休止しスキルトレーニングに集中（3週間）→筋力トレーニング中心（6週間）→スキルトレーニングに集中（3週間）……というようなピリオダイゼーションが効果的と考えられます。

筋力トレーニング中心の時期にどの程度スキルトレーニングを組み込むか、4週間→2週間のサイクルにするか、などのさまざまなオプションが可能と思いますが、半年後のレベルでみた場合、専ら筋力トレーニングを続けた場合と同程度の筋肥大と筋力増強も期待できるのではないかと思います。

復習ポイント

- トレーニング効果が十分に現れている状態では、筋メモリーと馴化という二つの現象が筋線維内に生じている。

- トレーニングを半年間中断することなく継続した場合も、3週間の中断を2回（計6週間）はさんだ場合も実質的に効果には差がない。

chapter 10

トレーニングによる筋肥大に関わる新規メカニズム：1 リボソームの増加と遺伝子のエピジェネティック修飾

本章では、研究分野において
最近ホットになりつつあり、
今後の展開が期待されているテーマ——
トレーニングに伴うリボソーム量の変化と、
遺伝子のエピジェネティック修飾について、
基本的知識を解説する。

はじめに

前章では、トレーニングによる筋線維肥大に伴う「筋線維核数の増加」が長期間持続するという仕組み（筋メモリー）と、それを長期的ピリオダイゼーションに応用する可能性についてお話ししました。

本章では、同様にピリオダイゼーションに応用可能と思われる仕組みとして、トレーニングに伴うリボソーム量の変化と、遺伝子のエピジェネティック修飾について、まずそれらの基本的知識を簡単に解説しておきましょう。いずれも、研究分野では最近ホットになりつつあり、今後の展開が期待されているテーマです。

リボソームは筋のタンパク質合成工場

リボソームは、通常細胞内に数百万個存在する非膜系の細胞内小器官（オルガネラ）です。筋線維はさらに巨大な多核細胞ですので、その中には少なくとも数千万個はあるでしょう。巨大な分子複合体で、大サブユニット（６０Ｓ）と小サブユニット（４０Ｓ）の２つのサブユニットで構成されています。大サブユニットは3種のリボソーマルＲＮＡ（ｒＲＮＡ）と46〜49

種のタンパク質、小サブユニットは1種のｒＲＮＡと33種のタンパク質から成り立っています。

このように、多量のＲＮＡとタンパク質が構成部品として必要で、その生合成にはたいへん手間とエネルギーがかかりますので、合成されたリボソームは比較的安定して細胞内に残るものと考えられてきました。また、その生合成や分解の仕組みも複雑で、未知の部分がまだ多く残されています。

図1にリボソームのはたらきを示します。遺伝子ＤＮＡの転写過程によって特定のタンパク質の暗号情報を写し取ったメッセンジャーＲＮＡ（ｍＲＮＡ）は、リボソームの小サブユニットに結合します。大サブユニットには20種類のアミノ酸のうち、特定のものを結合したトランスファーＲＮＡ（ｔＲＮＡ）が入り込みますが、ｔＲＮＡ上のコードとｍＲＮＡ上のコードが一致した場合にのみ、大サブユニットが小サブユニット上をスライドし、アミノ酸がペプチド鎖に追加されます。

次に小サブユニットがｍＲＮＡ上をスライドします。コードの一致しないｔＲＮＡは速やかにはじき出されます。このようにして、リボソームはｍＲＮＡ上をスライドしながら、そこにコードされた情報に従って特定のタンパク質を合成していきます（翻訳過程）。

リボソームを構成するタンパク質の中には、この翻訳過程のスイッチをオンにしたり、オフにしたりするものがいくつかあります。例えば、ＲＳ6（リボソームタンパクＳ6）は、

図1

リボソームのはたらきを示す模式図

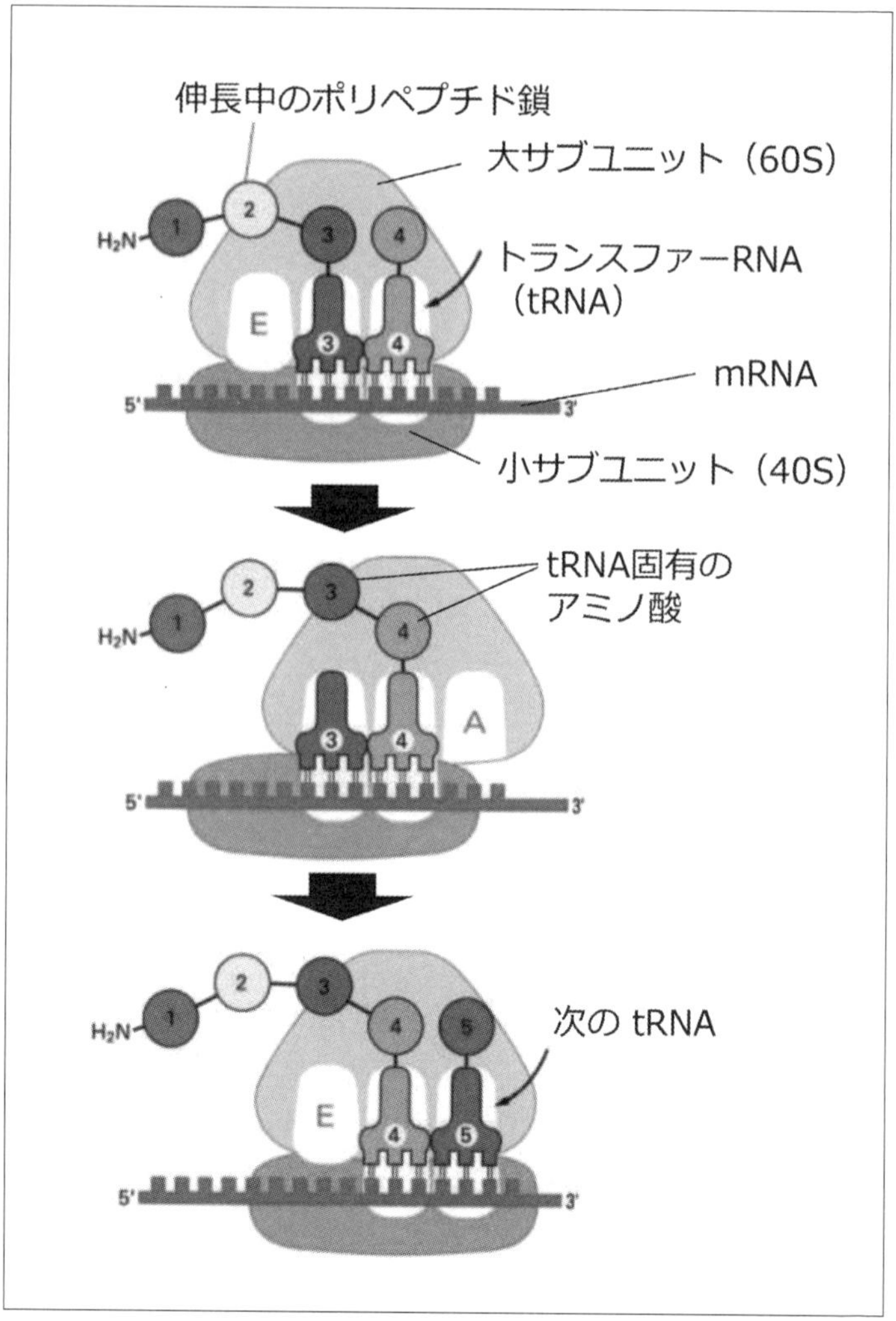

mTORシグナル伝達系を構成するp70S6Kの活性化（リン酸化）によりリン酸化され、翻訳過程をオンにします。

つまり、mRNAは特定のタンパク質の設計図であり、リボソームはタンパク質の合成工場であるといえます。タンパク質合成量は、mRNAが十分にあると仮定すれば、個々のリボソームがどれだけ強く活性化されるか（翻訳効率）と、リボソームの量（翻訳容量）の両者で決まることになります。単純に表すと、

（タンパク質合成量）∝（翻訳効率）×（翻訳容量）

となります。

リボソーム量と筋肥大の程度に強い相関が認められた

古くから、著しく成長したり、増殖したりする細胞では、DNA量あるいはタンパク質量当たりのRNA量が増えることが知られています。総RNA量の約80％はrRNAとされていますので、このことは細胞の成長に伴って相対的なリボソーム量が増加することを示唆します。

骨格筋では、培養細胞が成長したり、協働筋を切除して代償性肥大をしたりすると、総RNA、rRNA、rRNA前駆体の量がそれぞれ同様に増えることが示されてきました。そ

こで、私たちの研究グループでは、ラットの足底筋を対象とし、協働筋の切除の仕方を工夫することで、一定期間（2週間）で引き起こされる代償性肥大の程度を段階的に変えられるモデルを作成し、筋肥大の程度とrRNA量の間にどのような関係があるかを調べました。その結果、筋肥大の程度とrRNA量の間に、直線的な強い相関関係が認められました。

一方、筋肥大の程度はmTORシグナル伝達系の活性にも依存していますが、両者の間には強い量的な相関は見られませんでした（図2）。この結果は、筋肥大にmTORシグナル伝達系の活性化は必須であるものの、筋肥大の程度はリボソーム量によって強く規定されることを示唆しています。

トレーニング初期にはまずリボソームが増加する

上記の研究の問題点は、「代償性肥大」という、あまり生理的といえない現象を利用していることです。この場合、対象とする筋には慢性的に過負荷がかかりますし、対象とする筋の周辺に外科的手術を施すことの影響を避けられません。結果的に、短期間で起こる肥大の程度も、2週間で最大2倍弱になることがあり、トレーニング刺激の場合に比べて圧倒的に大きくなります。

図2

ラット足底筋の代償性肥大における筋肥大率と
mTORシグナル活性およびリボソーム量の関係
筋肥大期間は14日、mTORシグナル活性およびリボソーム量は
手術5日後に測定した。縦横バーは標準偏差を示す。
Nakada et al.(2016)より改変

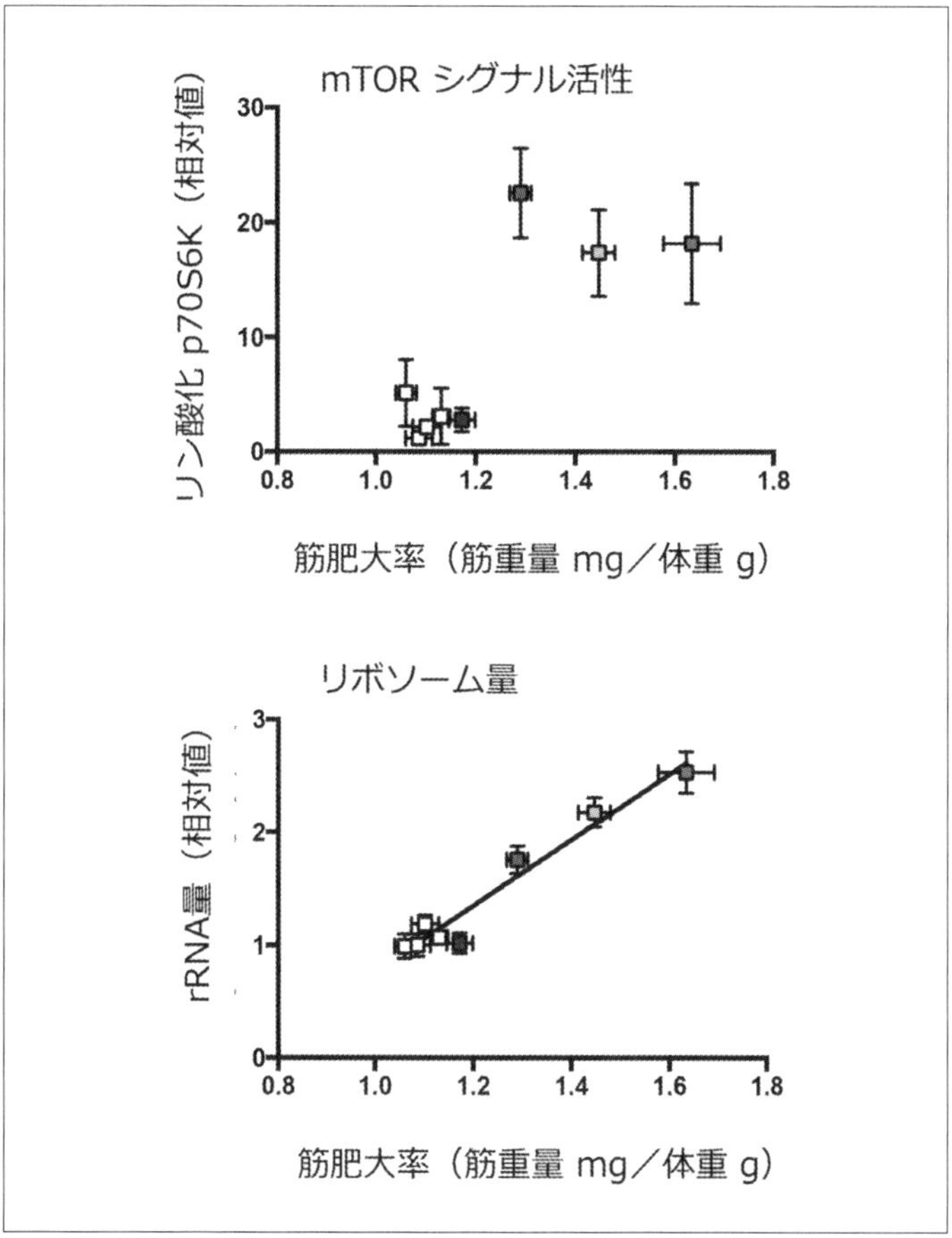

そこで、次のステップとして、ラットのトレーニングモデルを用い、トレーニング刺激を繰り返し与えた場合に、mTORシグナル伝達活性、リボソーム量（rRNAおよびその前駆体の量）、タンパク質合成がそれぞれどのように変化するかを調べました。トレーニング刺激は10回の最大収縮（3秒間）×5セットで、これを1日おきに与えました。

その結果、トレーニングの初期（1～3セッション目）には、mTORシグナル伝達系の活性化やタンパク質合成の上昇も起こりますが、リボソーム量の増加はタンパク質合成の上昇より早く起こることがわかりました。その後のトレーニング（4～18セッション目）に対しては、リボソーム量は増加した状態で変わらず、タンパク質合成も上昇したレベルが保たれました（図3）。

この結果は、実は当初の予想とは異なるものでした。当初は、筋肥大がある程度進み、既存のリボソーム量では十分なタンパク質合成を賄うことが難しくなった時点でリボソーム生合成が活性化されるのではと予想していました。しかし、筋肉はトレーニング刺激を受けると、まずタンパク質合成工場であるリボソームを増やし、後続の刺激に対応できるよう、速やかに「タンパク質増産体制」に入るようです。

こうした増産体制がどのくらいの期間持続するのかは、トレーニングの長期的プランにも関連してくる問題になりますが、この点については次章でお話ししたいと思います。

図3

ラット腓腹筋にトレーニング刺激を繰り返し与えた場合（1日おき）の
リボソーム量とタンパク質合成の変化

Kotani et al.（2019;2021）の結果をもとに作図

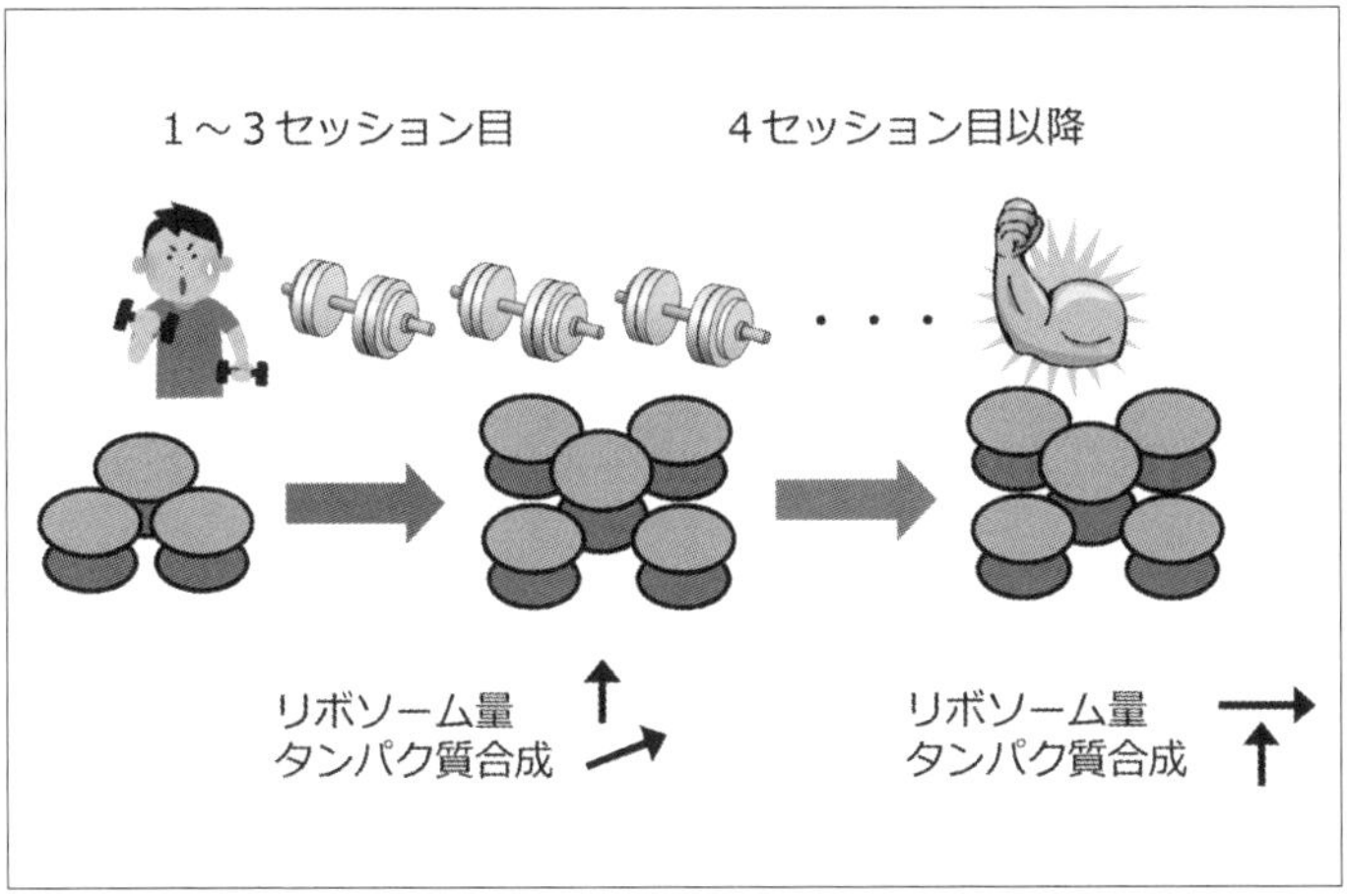

トレーニング刺激による遺伝子の修飾：筋メモリーの第二のメカニズム？

本章ではもう1点、トレーニングが遺伝子そのものに長期的な影響を及ぼす可能性について紹介しておきます。といっても、遺伝子そのものが変わるわけではなく、遺伝子の「発現のしやすさ」が変わります。このような仕組みを「エピジェネティック修飾」といいます。

遺伝子であるＤＮＡ鎖は、核の中でヒストンというタンパク質に結合しています。ヒストンは球形のタンパク質で、長いＤＮＡ鎖を巻きつける「糸巻き」あるいは「リール」のような役割を果たしています。ＤＮＡ鎖を巻き付けたヒストンどうしがさらに凝集することで、膨大な情報をコンパクトに収納できる構造になっています。ただ、そのままヒストンがコンパクトに凝集した状態では、特定のタンパク質をコードした部分をＤＮＡからｍＲＮＡに転写する上では不都合です。

そこで、ヒストンがアセチル化されることによって、凝集した状態が緩み、ＤＮＡの一部が露出することで転写を起こりやすくする、すなわち「発現しやすい」状態にする仕組みが存在します（図４）。

最近の研究から、トレーニング刺激によってヒストンのアセチル化が亢進し、その状態がし

図4

ヒストンのアセチル化・脱アセチル化による
遺伝子発現のエピジェネティック修飾。
トレーニング刺激により、ヒストンのアセチル化が亢進し、
しばらくの間継続すると考えられる。

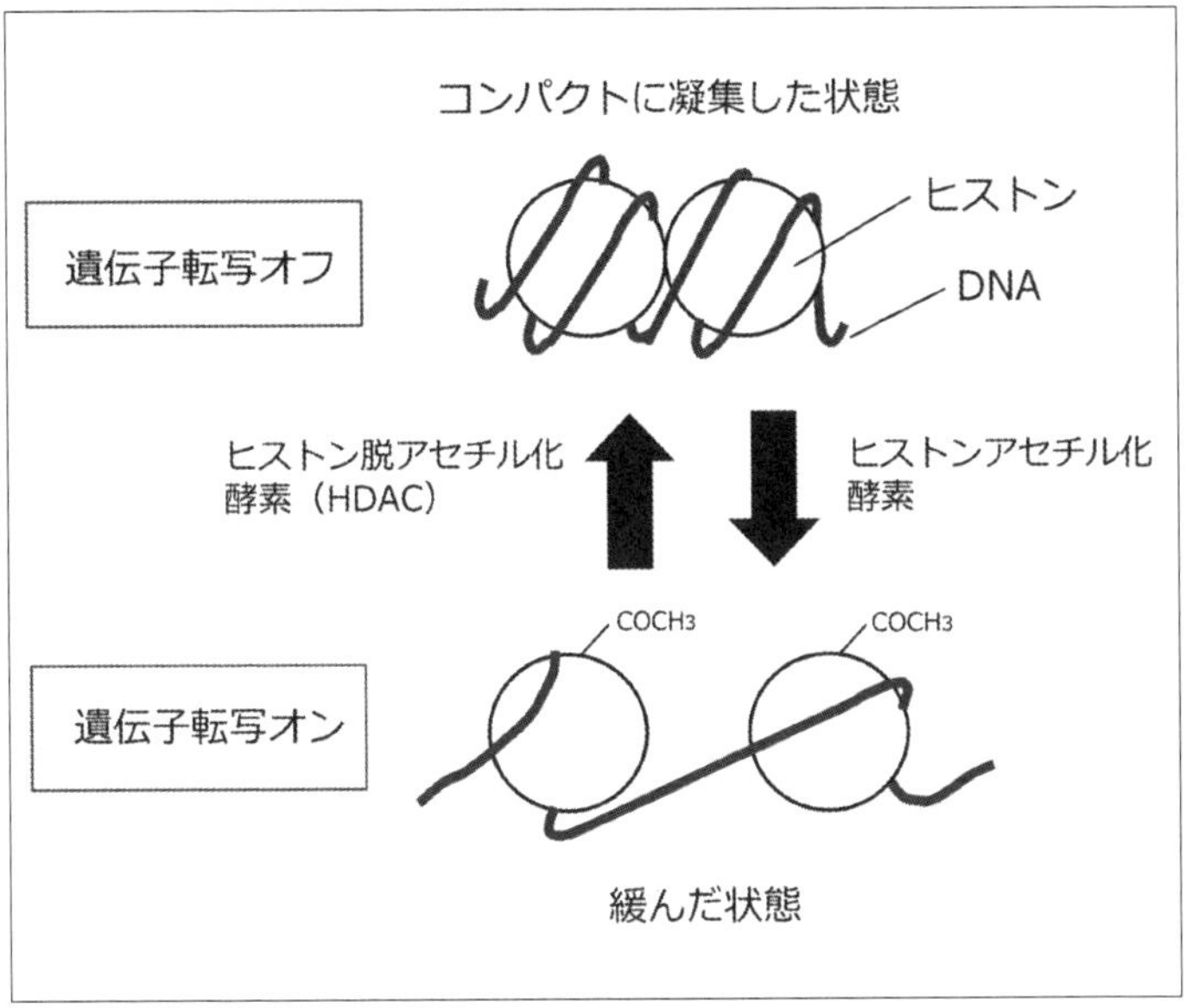

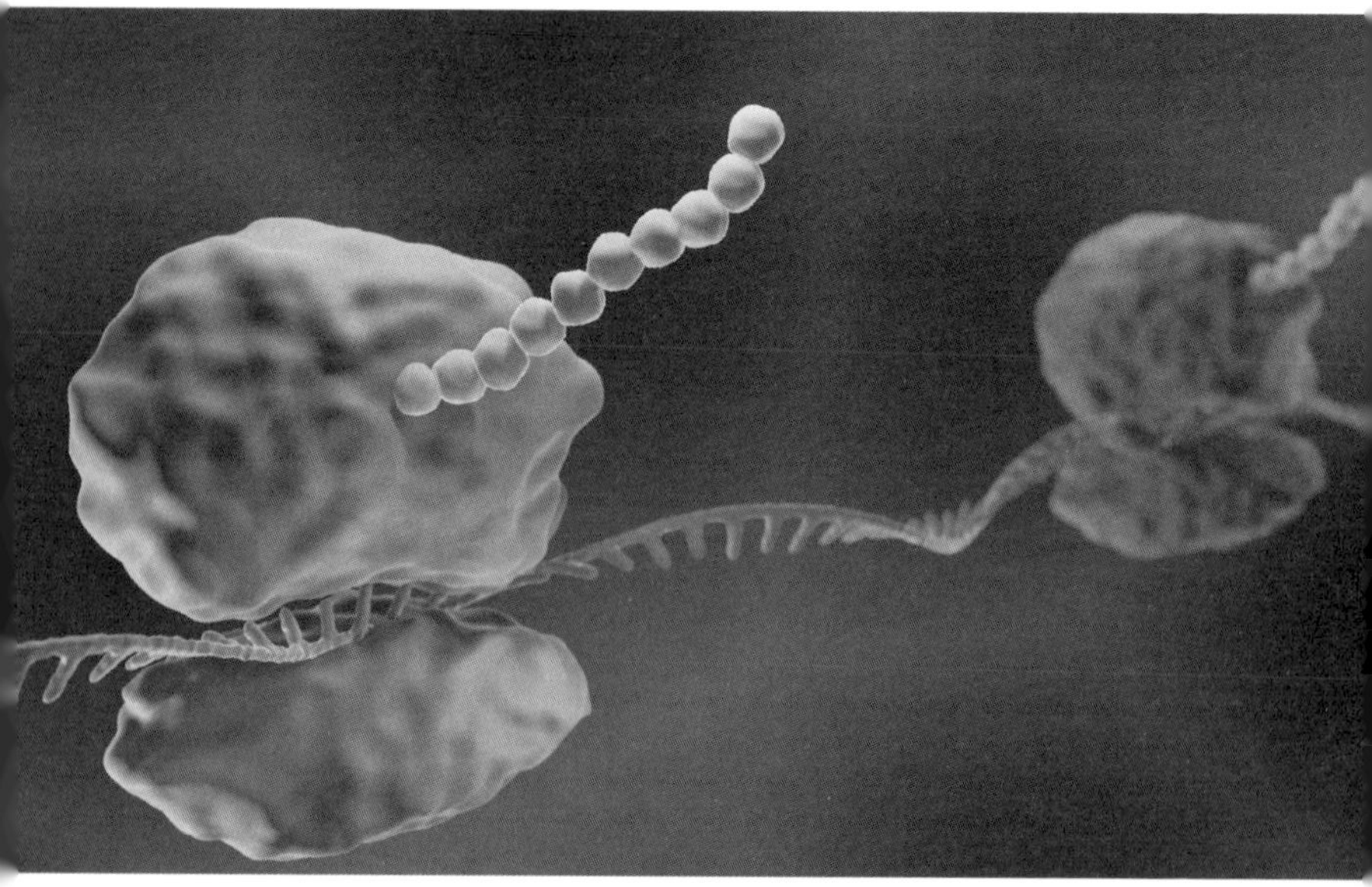

リボソームは、
通常細胞内に数百万個存在する
非膜系の細胞内小器官(オルガネラ)。
筋線維はさらに巨大な多核細胞なので、
その中には少なくとも
数千万個はあるであろう。

ばらく継続することが示されています。こうすることで、筋タンパク質の設計図となるｍＲＮＡが常に十分に供給される体制をつくるものと考えられます。また、老化したラットでは、筋萎縮の程度の大きい個体ほど、ヒストンのアセチル化の程度が低いことが報告されています。

これらのことから、トレーニングを継続した後で休止をしても、ヒストンのアセチル化が継続することで、トレーニング再開後に回復しやすい状態がある程度続くのではないかと想像されます。いわば「筋メモリー」にかかわる第二のメカニズムと考えられ、トレーニングの長期的プランを考える上で有用となり得ますが、この状態がどのくらい続くのかなどについてはわかっておらず、今後さらに研究が必要です。

復習ポイント

ｍＲＮＡは特定のタンパク質の設計図であり、リボソームはタンパク質の合成工場であるといえる。

筋肉はトレーニング刺激を受けると、まずタンパク質合成工場であるリボソームを増やし、後続の刺激に対応できるよう、速やかに「タンパク質増産体制」に入るようである。

chapter 11

トレーニングによる筋肥大に関わる新規メカニズム：❷ リボソームの増加をピリオダイゼーションに応用する

前章では、トレーニングに伴う
リボソーム量の変化について解説した。
本章では、そこからさらに一歩進んで、
リボソーム量の増加を
トレーニングプログラムの
期分け（ピリオダイゼーション）に
応用できないかを考えてみたい。

はじめに

前章では、トレーニングによる筋肥大には、タンパク質合成の上昇だけでなく、タンパク質合成工場であるリボソームの量の増加（リボソーム生合成）が関わっているということをお話ししました。また、まだ動物実験の範囲ではありますが、リボソーム量の増加は、トレーニング刺激後の早い段階で起こり、筋肉が速やかにタンパク質の増産体制に入ることもわかりました。

本章では、そこからさらに一歩進んで、リボソーム量の増加をトレーニングプログラムの期分け（ピリオダイゼーション）に応用できないかを考えてみましょう。

リボソーム量の調節メカニズム

リボソームは巨大な分子複合体で、大サブユニット（６０Ｓ）と小サブユニット（４０Ｓ）合わせて4種のリボソーマルＲＮＡ（ｒＲＮＡ）と約80種のタンパク質から成り立っています。その生合成や分解の仕組みは複雑で、未知の部分もまだ多く残されています。

図1に、現在までにわかっている範囲でリボソーム量の調節機構の概略を示します。まず、

図1

リボソーム生合成の調節機構の概略。
mTORシグナル伝達系はリボソーム生合成にも関与している。
Kotani et al.(2019)をもとに作図

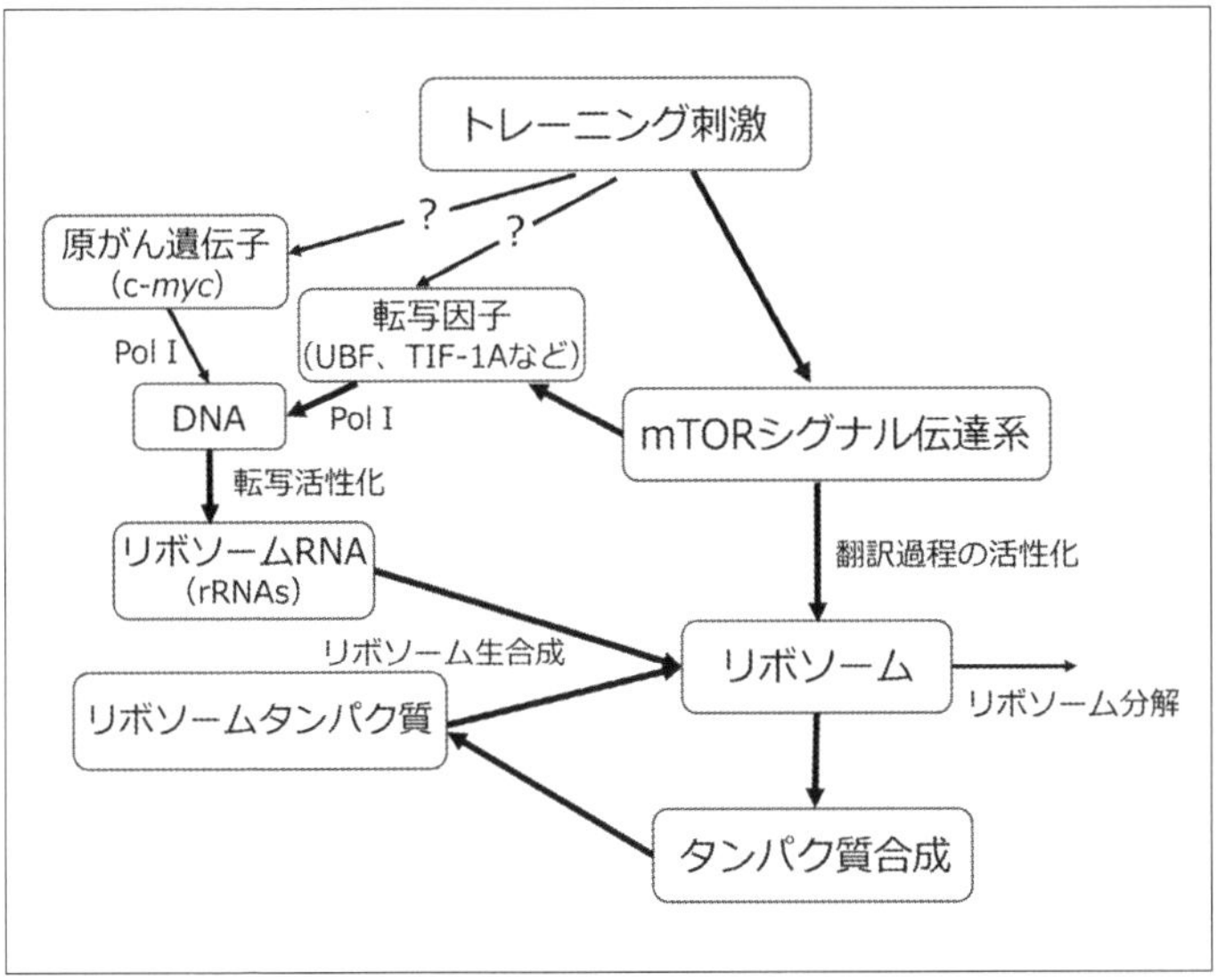

リボソームを合成するには、遺伝子DNAから4本のｒＲＮＡをコードしている部分を写し取り、ｒＲＮＡを生成する必要があります（転写過程）。この過程には2種のＲＮＡポリメラーゼ（ＰｏｌⅠ、ＰｏｌⅢ）がはたらきますが、このうちＰｏｌⅠの活性化が全体の反応の進行に最も強い影響を及ぼす「律速段階」と考えられています。

ＰｏｌⅠの活性化には、ＵＢＦやＴＩＦ-1Ａなどと呼ばれる転写因子がリン酸化されたり、発がんに関わる転写因子（原がん遺伝子）であるｃ-ｍｙｃの発現が上昇したりする必要があります。これらのうち、ＵＢＦやＴＩＦ-1Ａのリン酸化には、ｍＴＯＲシグナル伝達系の活性化が関わっていることがわかってきています。

リボソーム合成にはさらに、約80種のリボソームタンパク質をつくる必要がありますが、少なくともその最終段階では、ｍＴＯＲシグナル伝達系による翻訳過程（タンパク質合成）の活性化が必要となります。このように、ｍＴＯＲシグナル伝達系は、一般的なタンパク質合成だけでなく、リボソーム生合成にも深く関わっていることが重要な点です（図1中の太い矢印）。

一方、リボソーム生合成には手間とエネルギーがかかりますので、リボソームは比較的安定して細胞内に残るものと考えられてきました。そのため、リボソーム分解に関してはあまり研究が進んでおらず、まだ不明の点が多く残されているようです。栄養不足などの条件で、リボソームの選択的分解（リボファジー）が起こることが発見されたのも比較的最近（2008年）のことです。

そこで、私たちの研究グループでは、ラットの筋トレモデルを用い、3回（1週間）のトレーニング刺激で増加したリボソーム量が、刺激終了後にどのように変化するかを調べました。その結果、約120時間でトレーニング前のレベル（ベースライン）にまで戻ってしまうことがわかりました。すなわち、トレーニング刺激後にタンパク質合成が上昇し元に戻るまでの時間（48~72時間）の2倍程度の時間をかけて、リボソームの増加分もゆっくりと分解されて減ることになります。

これはやや予想外の結果でしたが、タンパク質を増産する必要が特にない状況で、多量のリボソームを維持することは、細胞にとってコスト的に得策でないと考えれば理にかなっているといえるでしょう。

同一プログラムの継続に伴う反応の馴化

chapter9で、トレーニング刺激を1日おきに12セッション（約3週間）与えると、mTORシグナル伝達系に馴化（脱感作）が生じ、1セッション目の後に比べ3分の1程度にまで反応が減弱してしまうことを紹介しました。本章では、そこに至るまでの過程をもう少し詳細に見てみましょう。

図2は、ラットの筋トレモデルに同一のトレーニング刺激（3秒の等尺性最大収縮×10回×5セット）を週3セッションの頻度で継続して与えた場合の、mTORシグナル伝達系活性化、リボソーム量、タンパク質合成のそれぞれの変化を、いくつかの研究成果に基づいて模式的に示したものです。

mTORシグナル伝達系の活性化はセッションの進行に伴って徐々に減弱していきます。リボソーム量は、1~3セッション後にかけて増加し続け、その後緩やかに減少していきます。トレーニング刺激が継続しているにもかかわらずリボソーム量が減少するのは、上記のようにリボソーム生合成そのものにmTORシグナル伝達系が関わっているためと考えられます。

タンパク質合成は、mTORシグナル伝達系の活性化とリボソーム量の両者に依存しますが、どちらかというとリボソーム量に強く依存し、mTORシグナル伝達系の減弱速度よりも緩やかに低下するようです。このままトレーニング刺激を継続し続けると、タンパク質合成もやがてその時点での筋量を維持できる最低限のレベル近くまで低下し、そこで落ち着くものと考えられます（トレーニング効果の頭打ち）。

図2

トレーニングセッションの進行に伴う
mTORシグナル活性、リボソーム量、
タンパク質合成（セッション6時間後の値）の変化の模式図。
Kotani et al.（2019; 2021）をもとに作図

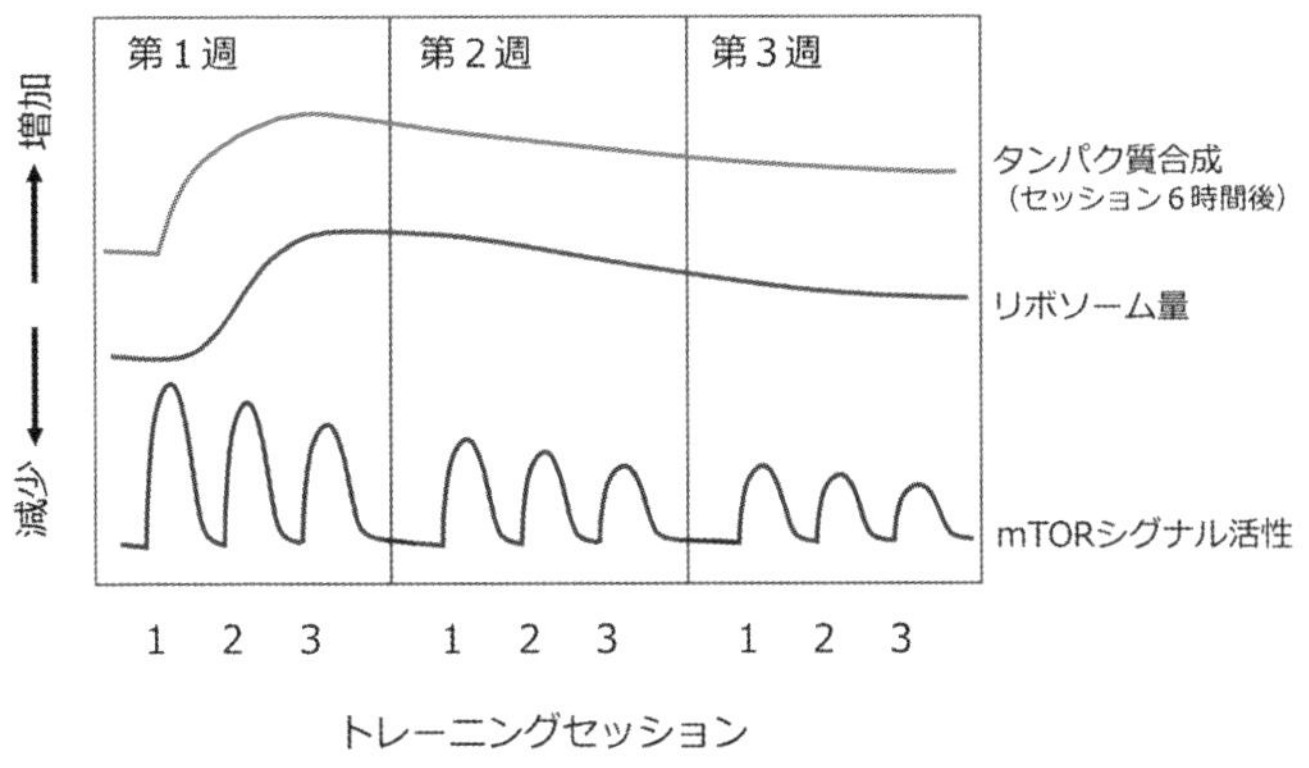

リボソーム量を予め増加させておくとタンパク質合成が劇的に上昇する

さて、ここで少し視点を変え、トレーニング刺激後のタンパク合成をより効率的に上昇させる工夫について考えてみましょう。chapter5で、トレーニング刺激のセット数を1セットから20セットまで段階的に増やしていくと、mTORシグナル伝達活性はセット数とともに上昇する反面、タンパク質合成は5セット程度で頭打ちになってしまうことを紹介しました。その原因の一つは、リボソーム量によってタンパク質合成の上限が規定されているためと考えられます。

そこで、あらかじめリボソーム量を増加させるためのセッションを行った後に、トレーニング容量（セット数）の大きなセッションを行うことで、タンパク質合成を増強できないかと考え、次のような実験を行いました。

ラットを3つのグループに分け、セット当たり3秒の等尺性最大収縮×10回のトレーニング刺激を与えました：トレーニング刺激を与えない対照群（SED）、いきなり20セットのトレーニング刺激を与える群（1B群）、1日おきに5セット・5セット・20セットのトレーニング刺激を順に与える群（3B群）。その結果、3B群では、リボソーム量、タンパク質合成の

図3

リボソーム量を予め増加させた場合のタンパク質合成への効果。
*はSED群に対して、†は1B群に対して有意な差を示す。
Kotani et al., 公表準備中

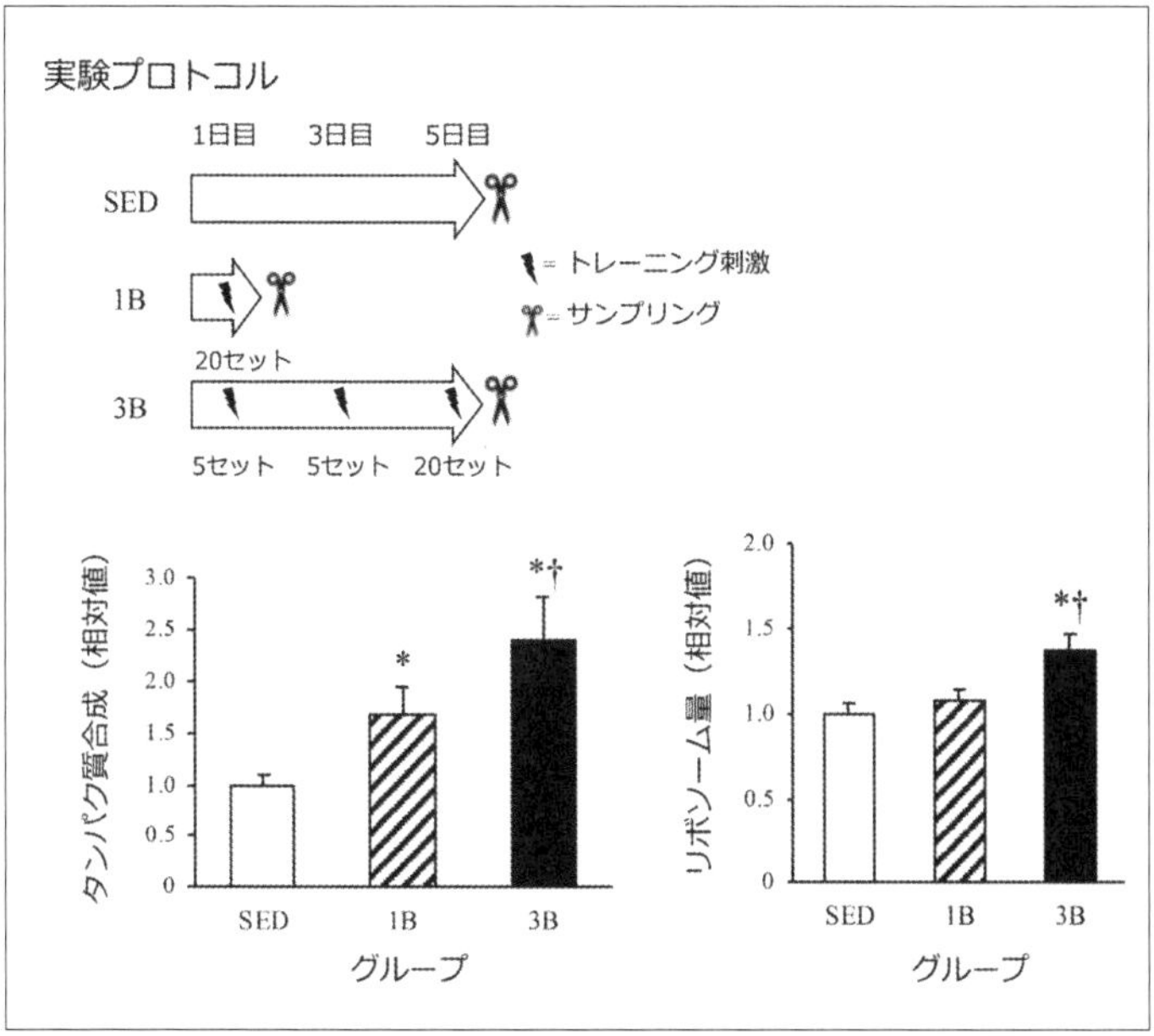

いずれにおいても、1B群を大きく上回る増加が確認されました（図3）。

短期的ピリオダイゼーションへのヒント

上記の実験結果は、同一のトレーニング強度、トレーニング容量のセッションを継続することが、リボソームの増加を最大限に有効活用するという観点で最善ではないことを示唆しています。そこで、リボソームの増加をより有効活用することが可能なプログラムについて考えてみました（図4）。

まず、1週間という単位で見た場合、セッション当たりのトレーニング容量は、5：5：5のように同一ではなく、5：5：20、あるいは5：7：20などという具合に、ステップ状に増やすことが効果的と考えられます（第1週）。

次の2週目に関してはまだ想像の段階ですが、前週の最後のセッションの容量がきわめて大きいため、mTORシグナル伝達系の脱感作も大きいと考えられますので、1セッション目は増加したリボソーム量の恩恵を引き続き利用するためにやや大きな容量を用い、2セッション目以降はむしろ容量を減じてmTORシグナル伝達系の再感作をはかります。

3週目は第1週目と同様のプログラムを行い、第4週は馴化したmTORシグナル活性を十分に再感作するために、思い切って休息期間とします。

このように、1週～1ヵ月程度の期間内で、トレーニング強度や容量に振動を与えるようなプログラムは、ピリオダイゼーションにおける「マイクロサイクル」に相当します。筋力強化という観点では、こうしたプログラム上のテクニックが効果的であることが認められており、ウエイトリフティング競技などでは経験に基づいたさまざまな様式のマイクロサイクルが利用されているようです。

本章で紹介した研究は、まだ動物実験の段階ではありますが、適切なマイクロサイクルを利用することが、筋量

図4

動物実験から想定可能な
トレーニング容量のマイクロサイクル。

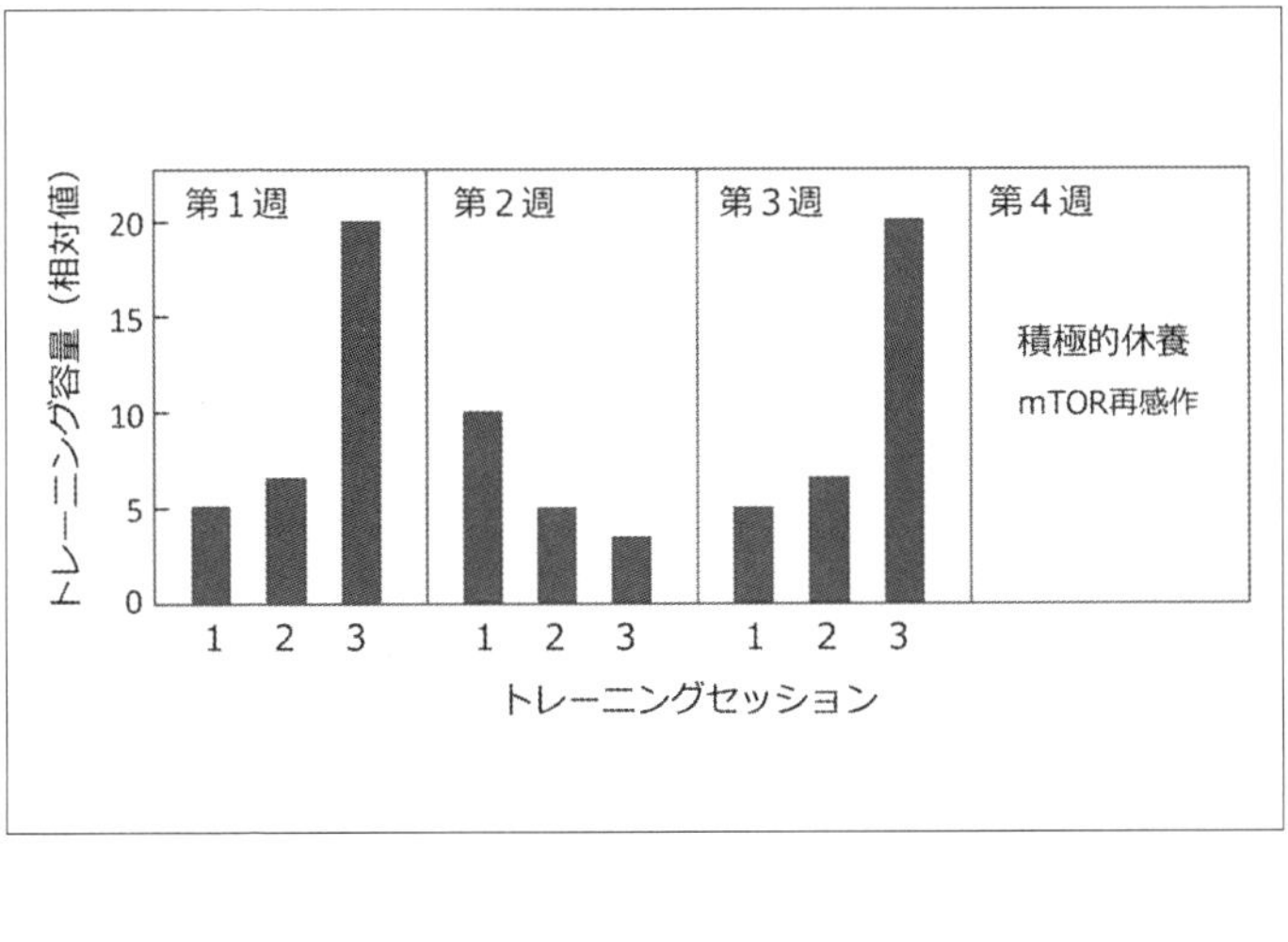

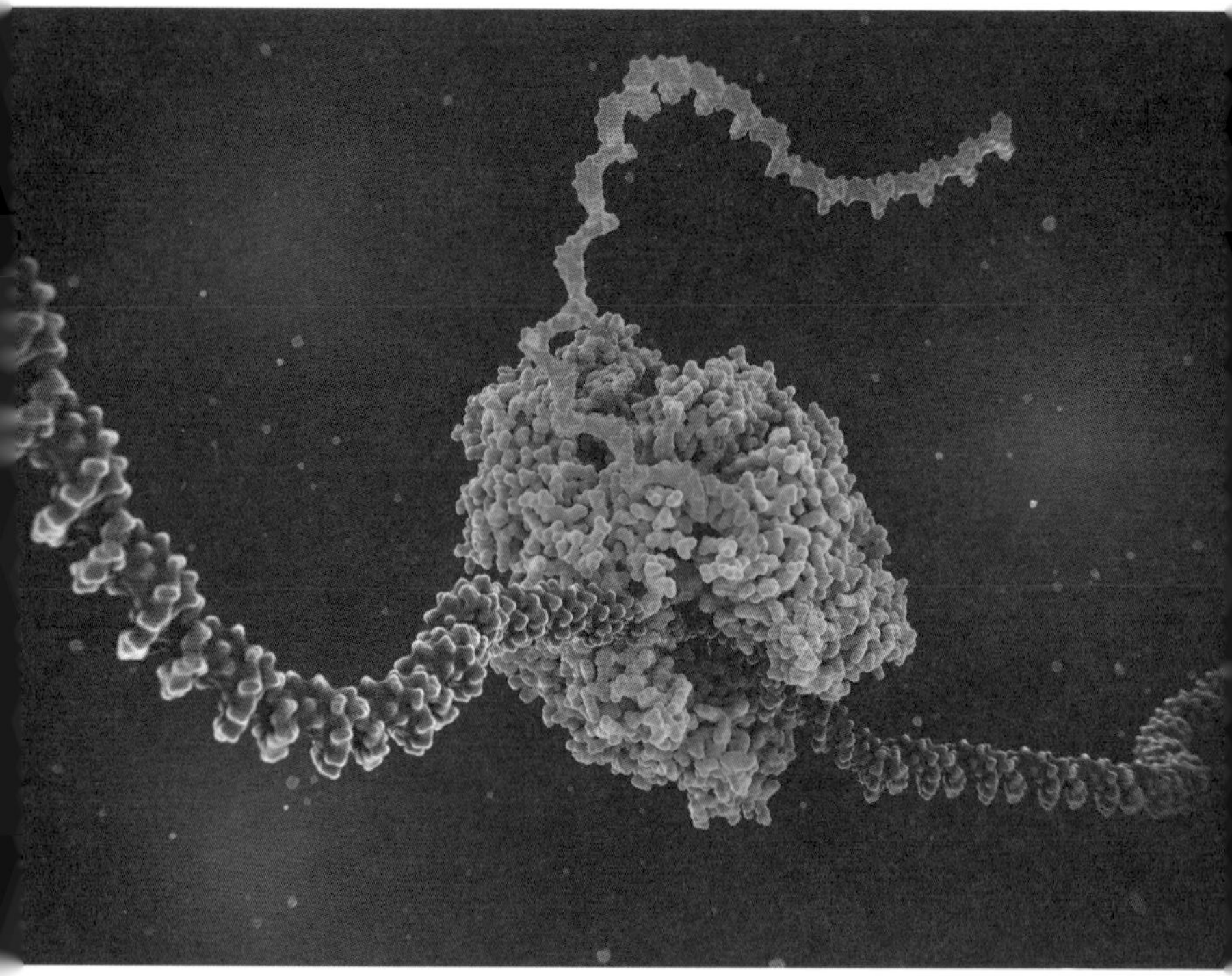

リボソームは巨大な分子複合体で
4種類のリボソーマルRNAと
約80種のタンパク質から成り立っている。
その生合成や分解の仕組みは複雑で、
未知の部分もまだ多く残されている。

の増加という観点でも効果的なことを示唆しています。特に、長年にわたってトレーニングを継続し、効果が頭打ちになっている場合、惰性でトレーニングを継続しているような状態になっている場合などは、現状を突破するためのヒントになるのではないでしょうか。

復習ポイント

- mTORシグナル伝達系は、一般的なタンパク質合成だけでなく、リボソーム生合成にも深く関わっていることが重要な点である。

- 1週〜1ヵ月程度の期間内で、トレーニング強度や容量に振動を与えるようなプログラムは、ピリオダイゼーションにおける「マイクロサイクル」に相当する。

chapter 12

数理モデルを用いたトレーニング効果のシミュレーション

ヒトを対象としたトレーニングの
長期介入実験は、
想像以上に時間と労力を費やすもので、
必ずしもポジティブな結果が
得られるわけではない。
そこで本章では、
上記と併せて筆者が取り組んできた、
「任意のトレーニングプログラムの
長期効果を即座にコンピュータで
予測できるよう、生理学的・
分子生物学的知見に基づく
数理的なモデルを構築する」という
研究について紹介し締めくくりとしたい。

はじめに

これまで、筋生理学および分子生物学的な観点から、筋肥大を主目的とするトレーニングプログラムについて考えてきました。大きくまとめると、負荷強度に重点を置く従来の「標準的」プログラムは概ね適切なものといえますが、動作速度やトレーニング容量などを工夫することにより、負荷強度に依存しない、多様なプログラムが可能なことが明らかになったといえます。

このうち、低負荷強度でのスロートレーニングなどは、ヒトを対象とした研究が早くから行われているため、社会実装もかなり進んでいます。一方、動物モデルの研究などから効果が期待されるような新たなプログラムについては、次の段階としてヒトを対象とした効果検証実験が必要になります。

しかし、ヒトを対象としたトレーニングの長期介入実験は、想像以上に時間と労力を費やします。単純な仮説を検証するにも半年から1年はかかりますし、必ずしもポジティブな結果が得られるわけではありません。そこで私たちは、任意のトレーニングプログラムの長期効果を即座にコンピュータで予測できるよう、生理学的・分子生物学的知見に基づく数理的なモデルを構築するという研究も行ってきました。そこで、この本章では本書の締めくくりとして、この研究についてご紹介しましょう。

数理モデルの概要

図1に数理モデルの概要を示します。少なくとも現時点では、対象とする筋および種目ごとにモデルを構築する必要があります。そこで、まず健康づくりの観点でも重要と考えられる大腿四頭筋を対象とし、種目としてはニーエクステンションを用いるものとしました。数理モデルの本体は、膝伸展動作の関節角度-トルク関係、トルク-速度関

図1

数理モデルによるシミュレーションの概要。

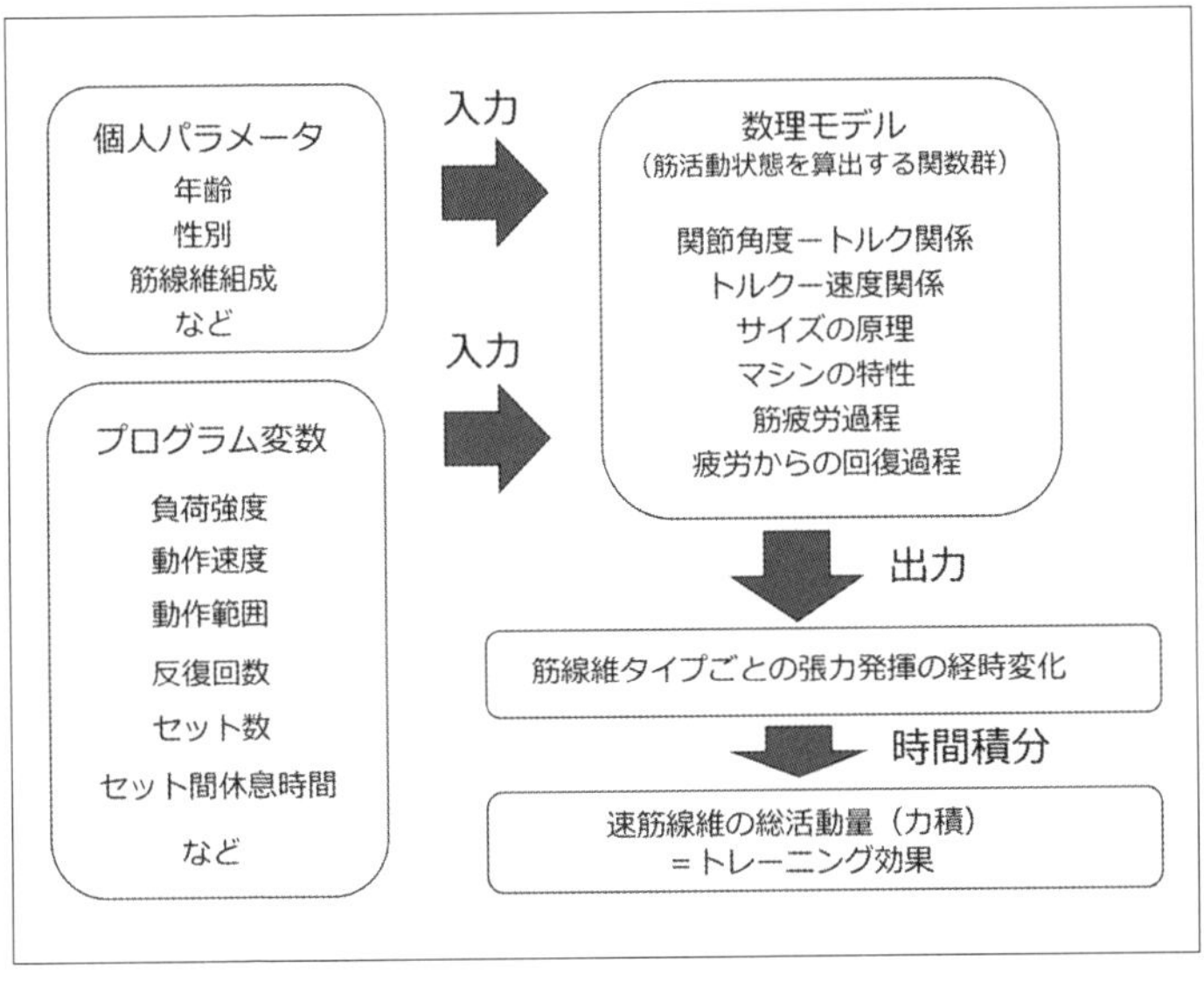

係、運動単位の動員様式（「サイズの原理」）、筋疲労およびその回復過程などの生理学的特性に加え、エクササイズマシンの負荷特性を表す関数群で構成されています（詳細については、Hatanaka & Ishii（2021; 2022）を参照）。

このモデルに、筋線維組成などの個人パラメータと、負荷強度、動作速度、反復回数、セット数、セット間休息時間などのプログラム変数を任意に設定して入力すると、筋線維タイプごとに張力発揮の経時変化が出力されます（ＲＭに達した時点で終了）。また分子生物学的な研究から、筋肥大効果には「速筋線維の発揮する力積（張力の時間積分）」が重要なことが示唆されていますので（chapter４）、プログラムの長期効果の指標としては、力積で表した速筋線維の総活動量を用いています。

エクササイズへの短期応答を正しく予測できるか

まず、このモデルがエクササイズへの短期応答を正しく予測できるかを確かめるために、負荷強度と動作速度をさまざまに変えたプログラムを1セット行った場合の最大反復回数（ＲＭ）をモデルで予測し、実際に同じプログラムを多数の被験者に行ってもらった場合のＲＭ値と比較しました。

その結果、図2に示す通り、数理モデルから予測されるRM値と、実測されたRM値はよく一致しました。

速筋線維の総活動量は長期効果の指標になるか

次に、速筋線維の総活動量をトレーニングの長期効果の指標とすることについての妥当性について、もう少し深く考えてみます。実はこの点については、トレーニング動作中の速筋線維の活動を測定することが技術的に困難なため、実験的に検証することができていません。そこで、この数理モデルそのものを利用した分析を行ってみました。

これまでに論文として公表された、トレーニングの長期効果に関する研究の中から22篇を選択し、それらのプログラム（負荷強度、動作速度、反復回数など）を数理モデルに入力して速筋線維の総活動量を推定しました。

次に、それぞれの論文で報告された筋肥大率（一週間当たり）に対し、速筋線維の総活動量（モデルより推定）、負荷強度、トレーニング容量を説明変数とする重回帰分析を行ったところ、速筋線維の総活動量が最も強力な説明変数であることが示されました（標準化偏回帰係数＝0・66）。

図2

数理モデルにより予測したRM値と実測したRM値の関係。
負荷強度と動作速度を様々に変えた6通りのプログラムで試行した。
実線は直線回帰（回帰係数＝1.01;R2＝0.87）を示す。
Hatanaka and Ishii（2021）より改変

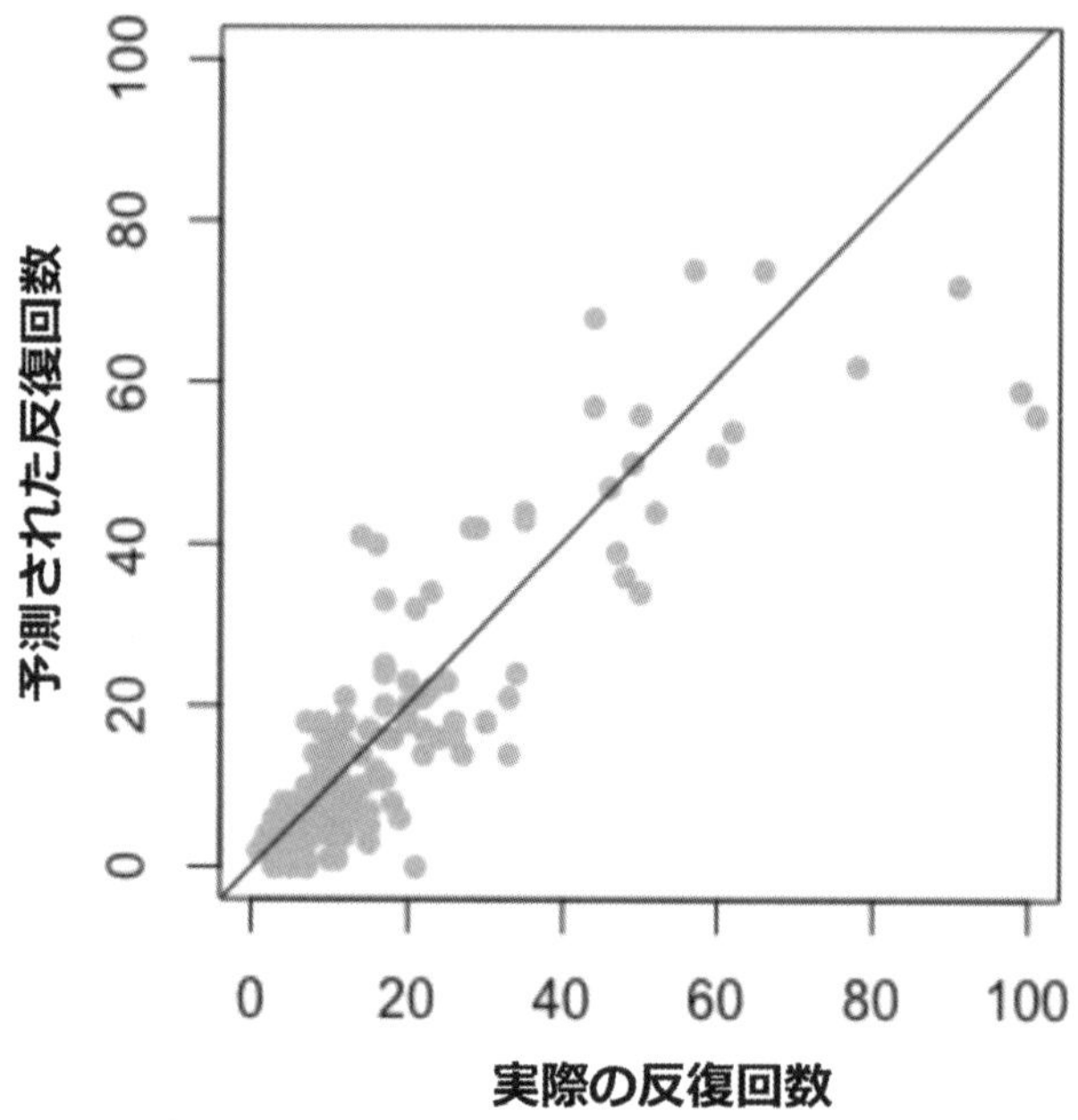

このことから、速筋線維の総活動量は、筋肥大に強く関与する因子であり、トレーニング効果を予測する指標として妥当なものであることが示唆されたといえるでしょう。

動作速度の影響：スロートレーニングの効果の予測

このモデルを用い、負荷強度と動作速度の組み合わせがトレーニング効果にどのように影響するかを調べてみましょう。図3に、与えられた負荷強度と動作速度の条

図3

数理モデルにより予測した
動作速度−負荷強度−速筋線維総活動量関係。
オールアウトまで反復する条件で1セット行った場合。
Hatanaka and Ishii（2021）より改変

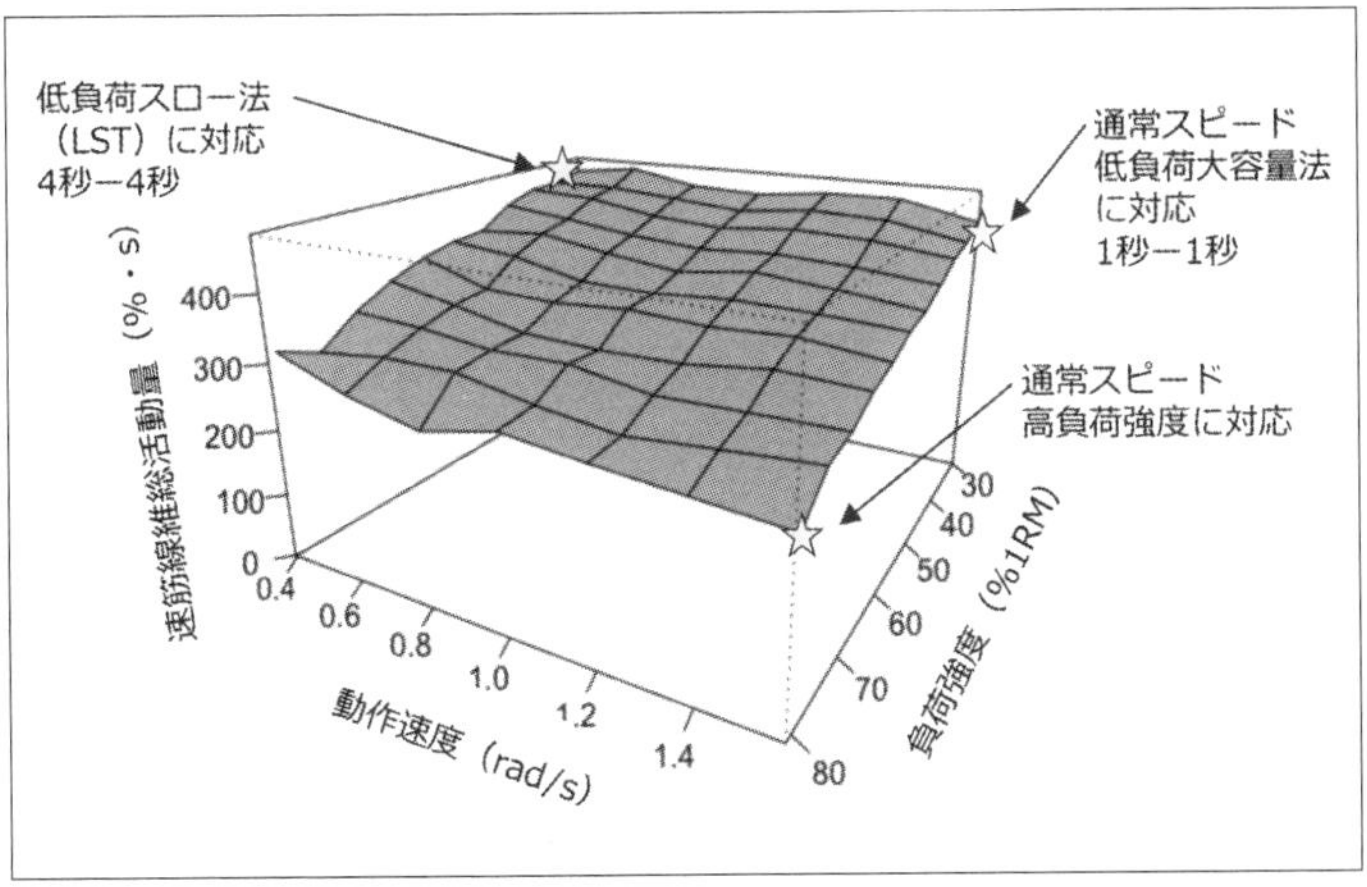

件で、1セットをオールアウト（最大反復回数）まで行った場合の速筋線維の総活動量を示します。

全体を通して速筋線維は十分に活動する傾向が認められますが、注目すべきは負荷強度が低いほど速筋線維の総活動量が多く、トレーニング効果も大きいと予測される点でしょう。これは、高負荷強度では筋疲労に伴う若干の筋力低下によって反復不能となってしまうためで、1セットのみでは容量不足になることを示唆しています。

一方、低負荷強度で「真に筋のオールアウト」まで追い込めば、トレーニング効果も大きいことが予測されますが、通常の動作速度ではきわめて多回数の反復が必要となり、たいへん「きつい」トレーニングになります（chapter3）。

動作速度を遅くしたスロートレーニングでは、低負荷強度のもとでも、通常速度での大容量法と同程度かそれ以上の効果が予測されます。一方、トレーニング容量（反復回数）は大幅に減少しますので、その分身体的・精神的ストレスは軽減されると考えられます。

図に示した点（星印）は、負荷の上げ下げにそれぞれ4秒程度をかける場合に相当しますが、その2倍程度の速度であっても、所定の速度と動作のリズムを維持しながらオールアウトまで反復すれば同等の効果が得られることがわかります。

講習会や講演などで、「負荷の上げ下げは3秒がよいのか4秒がよいのか」という質問を時々受けますが、「筋がきつい」と感じるところまで追い込めば、速度の若干の違いはそれほど気にしなくてもよいでしょう。

運動時間を指定するプログラムの効果

一定の負荷強度でのトレーニング容量として、反復回数を用いる場合と運動継続時間を用いる場合があります。後者はサーキットトレーニングなどではよく用いられますが、筋肥大や筋力向上を主目的とするトレーニングプログラムではほとんど用いられないと思われます。しかし、高齢者や低体力者を対象としたトレーニングでは、30秒あるいは1分程度に運動時間を定めて行うプログラムの方が取り組みやすい場合もあるでしょう。

そこで次に、低負荷強度で運動時間を定めるプログラムの効果について、数理モデルを用いてシミュレーションしてみました。

図4は、運動時間30秒×3セット（セット間休息時間30秒および120秒）、運動時間60秒×3セット（セット間休息時間30秒および120秒）の4通りのパターンでトレーニングを行った場合の、負荷強度（30〜50%1RM）、動作速度、トレーニング効果（1週間当たりの筋肥大率に換算）の関係を示しています。

図4

1セット当たりの運動時間を規定した
低負荷強度(30〜50%1RM)のプログラムにおける
動作速度ー負荷強度ー筋肥大率(トレーニング効果)関係。
RIはセット間休息時間(秒)を示す。

Hatanaka and Ishii(2021)より改変

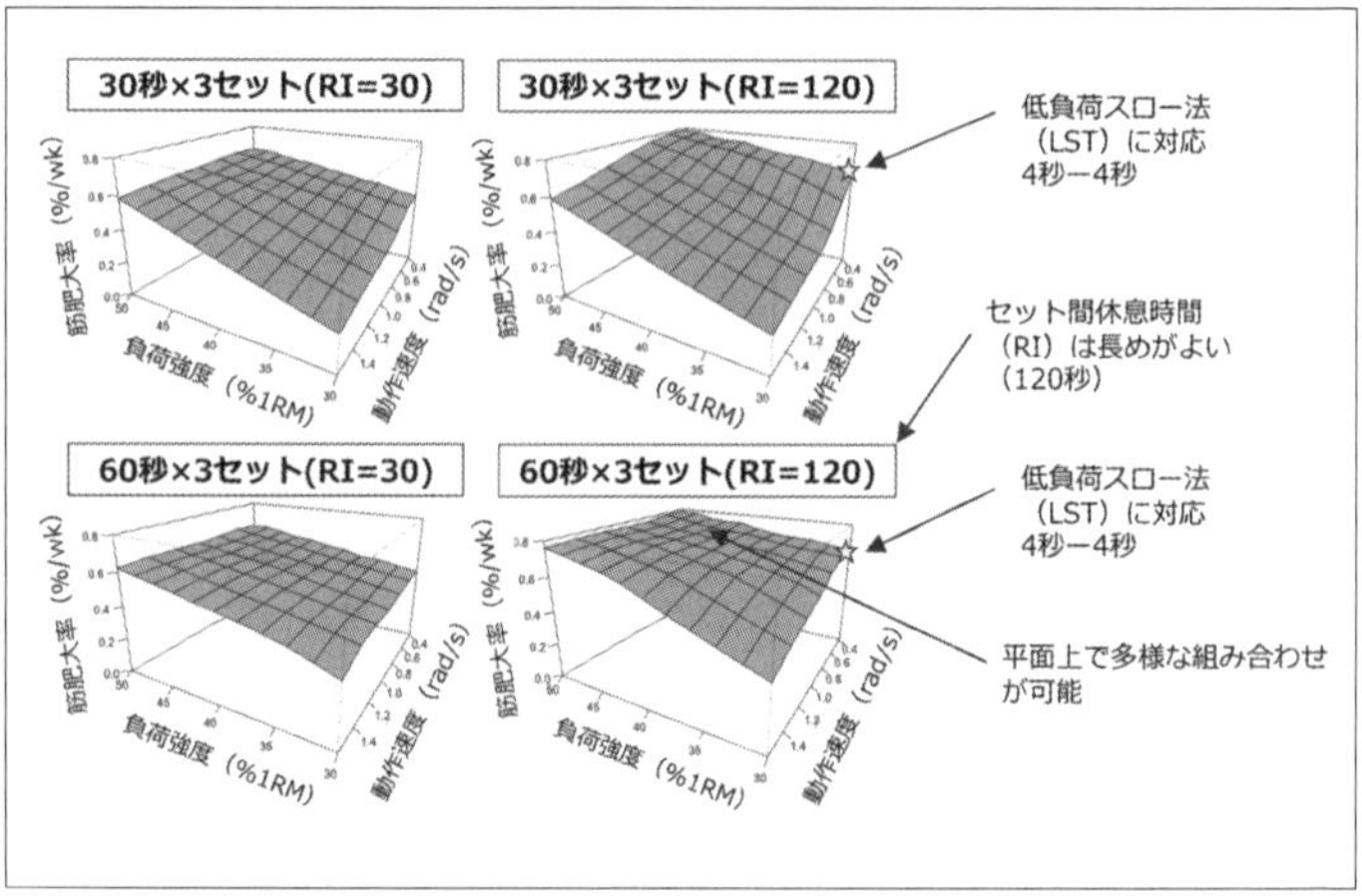

全体として、トレーニング効果は負荷強度が高いほど大きい傾向が見られますが、これは運動時間が短く、トレーニング容量が少ないためと考えられます。一方、運動時間30秒、60秒のいずれの場合にも、負荷の上げ下げに4秒をかけるスロートレーニングであれば、30%1RMの負荷強度でもかなり大きな効果が期待できることもわかります。

しかし、運動時間30秒の場合には、全体的にグラフが作る面の傾斜が急峻なため、低負荷強度で効果的なプログラムの提示は、実質的に難しいといえるでしょう。運動時間を60秒に延長すると、面がかなりなだらかになり、面上のフラットな部分での任意の負荷強度と動作速度の組み合わせが可能という点で、プログラムの自由度が圧倒的に増すと考えられます。

また、セット間休息時間が長い方が効果的という予測については、休息中に疲労回復が進むことで、セッション全体での速筋線維の総活動量が増大するため（各セットの質の向上）と考えられます。この点は、トレーニング現場での最近の考え方に合致するようですが、現在の数理モデルが筋肥大に関連するホルモンや成長因子の分泌応答を考慮していないことに原因がありますので、さらなる検討が必要と考えています。

速筋線維の総活動量は、
筋肥大に強く関与する因子であり、
トレーニング効果を予測する指標として
妥当なものである。

おわりに：「テーラーメードプログラム」への応用に向けて

以上のように、トレーニングの長期効果を数理モデルによってある程度予測できるようになってきました。

ただし、ここでご紹介したモデルはまだ完成形というわけではありません。今後の課題として、まずエキセントリック動作時の速筋線維の動員パターンをより適切なものに改良する必要があります。この点は筋生理学的にも不祥で、さらなる研究が必要です。さらにトレーニングへの馴化、マッスルメモリーなどをモデルに導入することによって、より正確な予測が可能になるでしょう。

また、現在のモデルはニーエクステンションのみについて成り立つものですが、これをスクワットなどの複合関節種目を含む多数の種目に拡張する必要もあります。将来的にこれらの課題が達成できれば、アスリートから有疾患者に至る多様な対象者に対し、各個人の状況に最適な「テーラーメードプログラム」を提示することが可能になると思います。

復習ポイント

速筋線維の総活動量は、筋肥大に強く関与する因子であり、トレーニング効果を予測する指標として妥当なものであることが示唆された。

運動時間を指定するプログラムでは、トレーニング効果は負荷強度が高いほど大きい傾向が見られるが、これは運動時間が短く、トレーニング容量が少ないためと考えられる。一方、運動時間30秒、60秒のいずれの場合にも、負荷の上げ下げに4秒をかけるスロートレーニングであれば、30％1RMの負荷強度でもかなり大きな効果が期待できることもわかる。

final chapter

筋タンパク質代謝の観点でみたレジスタンストレーニングプログラム

筋量の増大を目的としたレジスタンストレーニングでは、従来〜80%1RM(1RM:1回のみの挙上が可能な強度)、〜8回×3セット、2〜3セッション／週というプロトコルが標準となってきた。実際、同様のプロトコルによって効果が得られたという学術的エビデンスも多くある。しかし研究などにおいては、「確実に」効果を上げるためにこうしたプロトコルが用いられてきたのであり、これが「ベスト」というわけではない点に注意が必要だ。そこで、最終章では、筋線維内でのタンパク質合成・分解や、それに至る化学反応系の活性からトレーニング効果を予測するという手法を用いて、最適なトレーニングの強度、容量、頻度について再考してみたい。

筋肉と筋肥大の基本的なメカニズム

かつて、筋トレはすべての競技に万能ではないといわれていました。しかし、いまやどんな競技の選手たちでも筋トレを実施しています。個人の背景や目的に合わせて、多様なトレーニングプロトコルが広まってきているのです。指導者には、いかにその人に合ったトレーニングを展開していくかが求められているといえるでしょう。

今回の講義では、以下の3つの疑問点に対して解説していきます。

Q・1　筋肥大・筋力増強に、高負荷強度は本当に必要か?
Q・2　1種目当たりの適切なセット数はどのくらいか?
Q・3　同じ筋に対する最適なトレーニング頻度はどのくらいか?

まずは、筋肉を大きく太くしていくための強度と量に関して、本当に高強度が必要かというものです。基本的に、80%1RMを8回×3セットが標準で、65%以下だと筋肥大につながらないと研究で明らかになっています。それはなぜなのでしょうか。

2つ目の疑問は、1種目当たりの適切なセット数です。標準は3セットといいましたが、5

セット、10セットと、増やせばより効果的なのでしょうか。

最後の疑問はトレーニング頻度です。週2〜3回がよいとされていますが、実際はどうなのでしょうか。こういったことを、原理に基づいて考えていきたいと思います。

これらを探るには、筋肉の基本的なメカニズムをもう一度深く知る必要があるでしょう。筋肥大には、筋タンパク質の合成と分解の比率が関係します（図1）。また、筋再生系といって、筋肉が傷ついたときに修復する仕組みが働くことで、筋線維が太くなります。さらに、筋トレ刺激によるタンパク質合成の増加速

図1

筋力トレーニング刺激後の筋タンパク質合成・分解
13C標識法によるヒト骨格筋を対象とした分析。

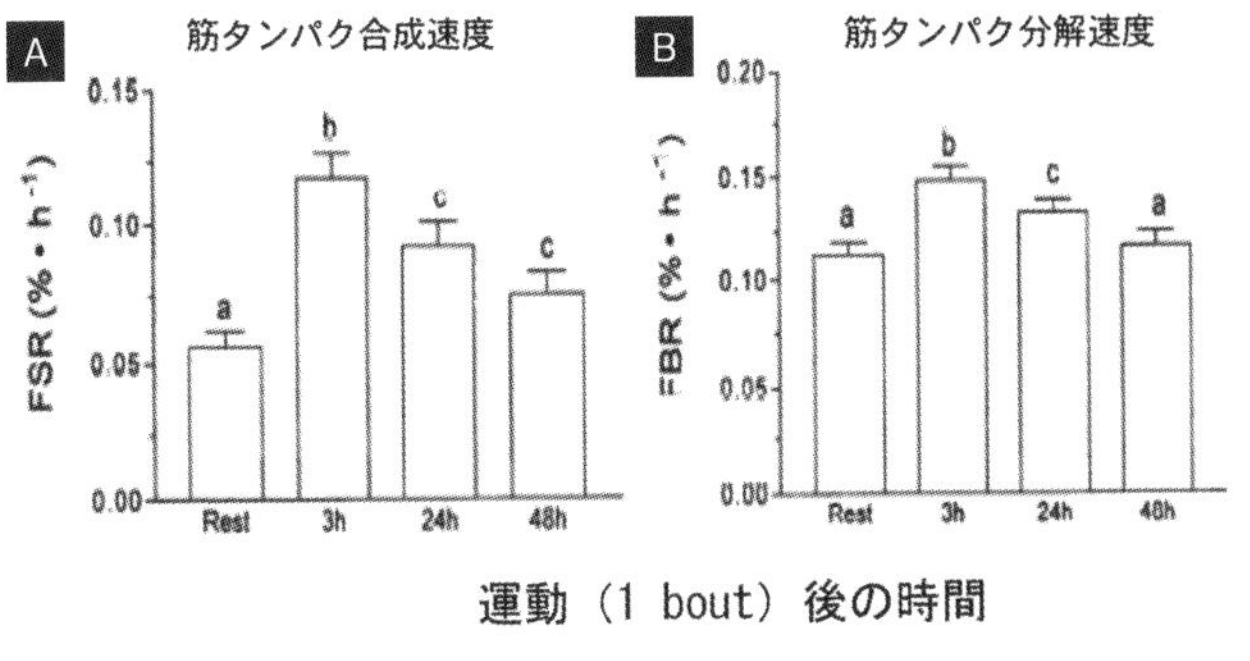

筋トレ後48時間後にかけてタンパク質合成が上昇する

（Phillips et al. 1997）

度は、特に速筋線維において高く、遅筋線維の3倍ほどです。

合成と分解の割合について、ヒトのトレーニング後に調べた実験があります。トレーニング直後よりも、筋トレをして約3時間後に筋タンパク合成が1・5倍ほど増えていることがわかりました。実際、ピークは6～12時間後に来て、48時間後でもまだ少し高い状態にあります。分解も少し上がるのですが、基本的にトレーニング後は分解よりも合成が上回った状態が続くのです。

刺激が加わると、細胞内シグナル伝達系の連続反応が進みます。遺伝子内の必要タンパク質をmRNAに転写する過程が起き、このmRNAの情報をもとに核外で翻訳され、タンパク質合成が行われるのです（図2）。筋トレをすると、mTORシグナル伝達系という化学反応系を構成する物質群が順次リン酸化され、最終的な翻訳（タンパク質合成）のスイッチが入ります。すると、筋タンパク質の合成が盛んになり、同時に筋タンパク質の分解を抑制する反応も起きるので、筋線維が大きくなるのです。こうした過程を理解することで、行うトレーニングの効果が高いかどうか、知ることにつながります。

動物実験で使うマウスやラットは、走ることは好きですが筋トレはしてくれません。そこで、実験では麻酔をかけて電気刺激を与えます。いろいろな筋トレ刺激を与え、mTORシグナル伝達系を構成している物質がリン酸化されたかを調べることで、効果のある筋トレ刺激を与え

図2

必要時に必要なタンパク質がつくられる仕組み。

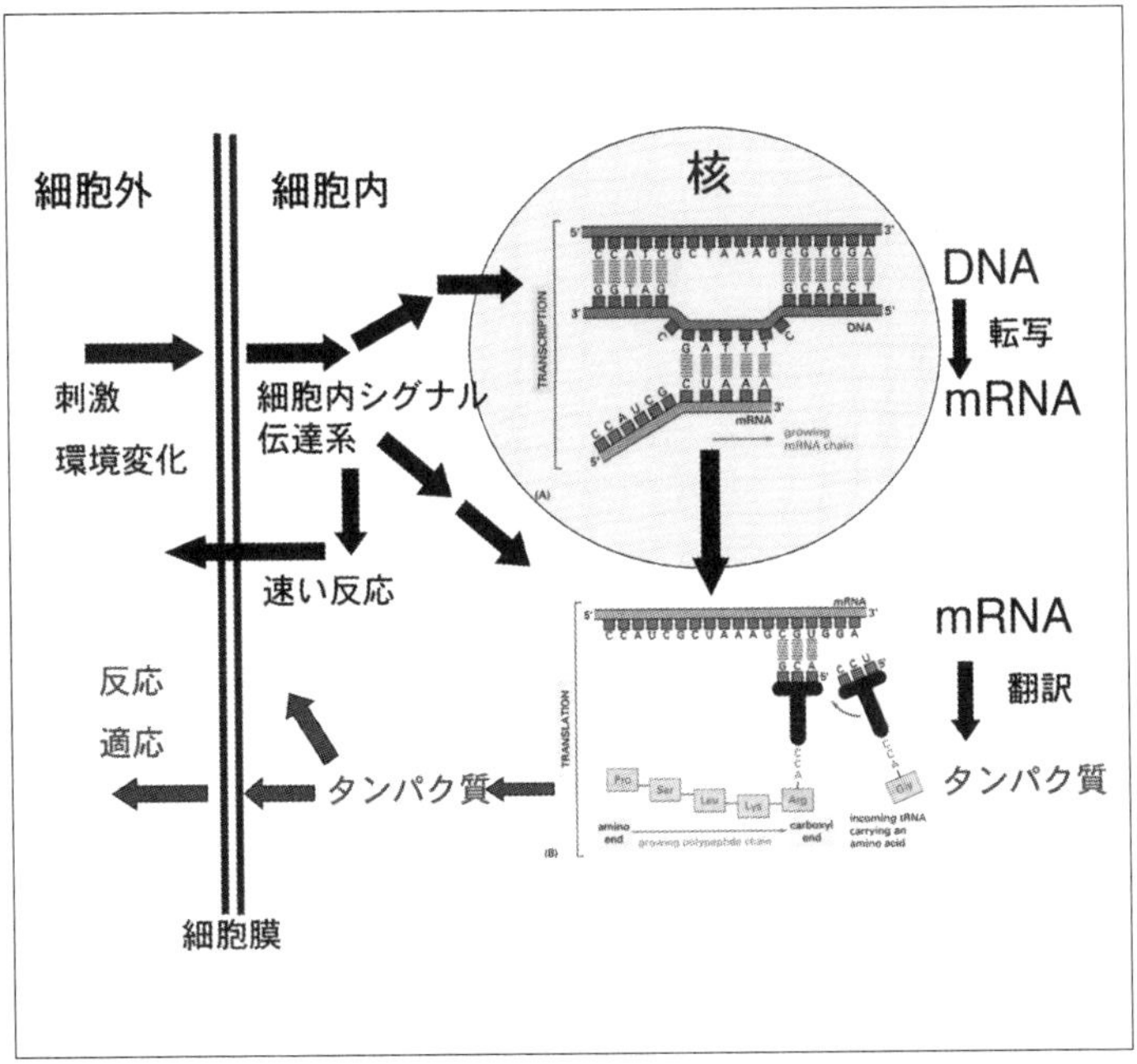

られているかどうかがわかります。こうした手法で、タンパク質合成が活性化するかどうかを推定できます。

もう一つ、タンパク質合成が進んでいるかを見る方法が開発されました。ピューロマイシンという薬物を筋肉に入れると、合成途中のペプチドの鎖の端にくっついてしまい、翻訳課程を阻害してしまいます。これは毒素の一種ですが、ピューロマイシンが結合しているタンパク質がたくさんできてくれれば、タンパク質合成が盛んであると判断できるツールになるのです。実際に、ピューロマイシンを用いた実験では、筋トレ刺激を与えないラットに比べて、刺激を与えたほうが、倍ほどのタンパク質合成が進んでいるとわかりました。

一方で、タンパク質分解を見るのは少し難しいのですが、タンパク質が分解される前にまずユビキチンという物質が結合する（ユビキチン化）ことを利用し、ユビキチン化タンパク質の量の推移を見ていきます。筋トレをした後は、2割ほど分解が進んでいることがわかります。

また、ケガをしたときに再生する「筋線維再生系」という仕組みがあります。筋線維の表面にある筋サテライト細胞は、筋断裂を起こしたときに分裂して新しい筋線維をつくる幹細胞です。筋トレをするときにも、この仕組みははたらきます。ただし、これは筋線維だけでなく、脂肪や骨にもなることができます。筋トレをさぼっていると、筋サテライト細胞が脂肪になって、いわゆる霜降り肉になってしまうので、注意が必要です。

低負荷強度トレーニングは効果がないのか？

では、１つ目の疑問に対して、改めて考えていきましょう。教科書的には、筋トレでは速筋線維を活性化するため、一定以上の高負荷強度が必要であるとされています。大きな力を出すことで、速筋線維を使わなければ、筋肉は大きくならないという理論で、古典的な説明です。

冒頭に述べた80％１RM×８回×３セットは、多くの臨床実験で使われています。２０１７年に、糖尿病患者への運動療法で筋トレを行った研究を対象に、メタ解析をした論文がありま す。多くの研究では、最初は60～80％１RM、後半は70～80％１RMと徐々に負荷を上げながら、週に3回トレーニングを行いました。すると、目に見えて効果があるのです。

タンパク質合成速度と負荷強度の関係を調べた実験でも、確かに負荷強度が高ければタンパク質合成が上がっていきます。ところが、この場合は両方のトレーニング容量を揃えて強度だけ変えているため、低負荷のほうは強度も量も足りていません。実際、60％１RMの強度で最大反復回数を行うと、トレーニング容量は80％１RMの場合の倍以上になります。この条件での比較検討が必要です。

では、低負荷強度で十分な反復回数を重ねた場合、どのような効果があるのでしょうか。一つの例が、加圧トレーニングです。筋肉の付け根を縛って筋血流を抑えることで、20％１RM

の負荷強度でも筋肉が太くなります。筋内の酸素濃度が下がると、すぐに筋疲労が起こるため、速筋線維が動員され、筋肥大が起きるのです（図3）。

ラットでそのメカニズムを調べたところ、筋内のマイオスタチンという物質が著しく低下することがわかりました。これは、筋肉が常に分泌しているもので、筋肥大を抑制している物質です。これが減ると筋が肥大します。現在、筋が萎縮してしまうがん患者などのために、臨床レベルでこのマイオスタチンを抑制する薬物の開発が進んでいますが、スポーツでこれを使うと当然ドーピングに引っかかってきますので、覚えておいてください。

日本トレーニング指導者協会（ＪＡＴＩ）のテキストにも載せていますが、パワーリフターのように90％１ＲＭで回数を少なくトレーニングした場合と、ボディビルダーのように80％１ＲＭでもう少し回数をこなした場合とでトレーニング後のテストステロン（男性ホルモン）と成長ホルモンの分泌量を調べてみると、後者のほうがどちらの分泌も多く起こります（図４）。しかし、これだけで筋肥大が決まるわけではないことが、近年わかってきています。なぜなら、テストステロンがどのように筋肉を肥大させるのか、その作用については不明な点が多いからです。

わかっているのは、テストステロンがマイオスタチンを抑制する作用があること。特に遅筋においてその傾向があります。また、アナボリック・ステロイドによる筋線維肥大と筋線維核

図3

血流制限でのトレーニング（加圧トレーニング）。
20%1RMの強度でも筋肥大・筋力増加が起こる。

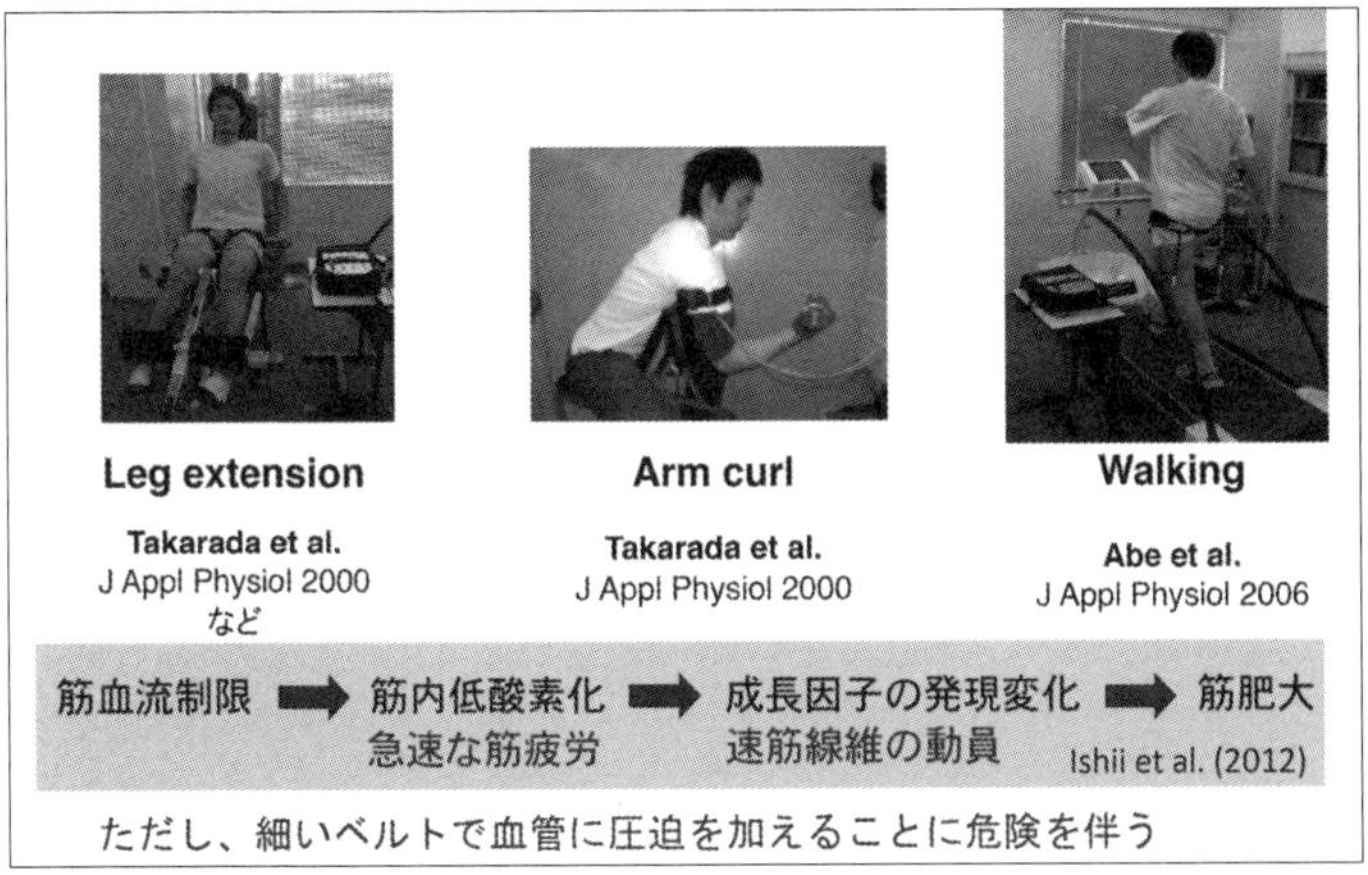

図4

トレーニングプロトコルとホルモン分泌。

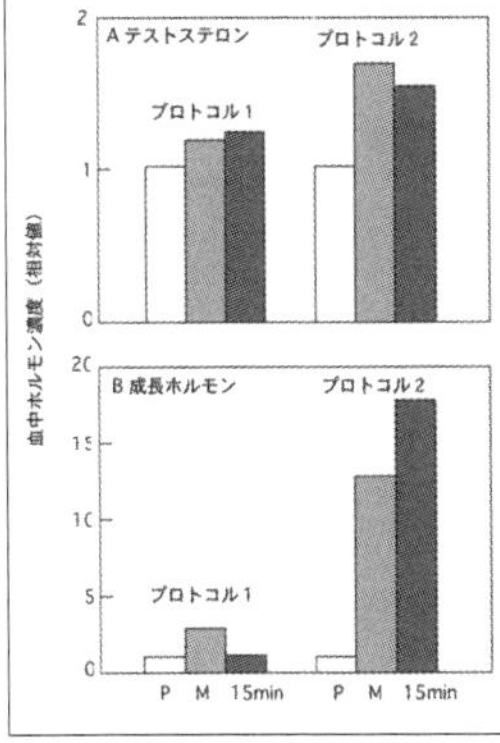

プロトコルに依存したアナボリックホルモン分泌もトレーニング効果に関連すると考えられてきた

強度、容量、セット間休息時間の3つがキーファクター

プロトコル1:パワーリフタータイプ
プロトコル2:ボディビルダータイプ

トレーニングプロトコルが血中テストステロンおよび成長ホルモン濃度に及ぼす効果、大筋群に対する構造的エクササイズ（スクワット、デッドリフトなど）を、5RMで3分のセット間インターバルで行った場合（プロトコル1）と、10RMで1分のセット間インターバルで行った場合（プロトコル2）の比較。P、M、15minはそれぞれ、エクササイズ前、エクササイズ中、エクササイズ15分後を示す。ホルモン濃度はエクササイズ前の値に対する相対値で示す。

「Hunter,G.R.:Muscle physiology. Beacle, T.R. and Earle, R.W.(Ed.), Essentials of Strength Training and Conditioning, pp. 3-13, Human Kinetics,2000.」をもとに作図

数の増加は、薬物除去後も長期間維持される（マッスルメモリー）ことから、一度薬物を使ったアスリートは、もう復帰させるべきではないとする論文も出ています。

低負荷でゆっくり動作する「スロトレ」は効果的

私は、加圧トレーニングの研究から、ゆっくり動作することで筋肉を太くするスロートレーニング、通称「スロトレ」の考案に至りました。例えば、ゆっくりとスクワット動作をし、筋肉の力を緩めないようにしながら8～10回行うと、それだけで筋肉がパンパンになるのです。

高齢者を対象にした実験で、30％1RM×13回×3セットを週2回3ヵ月行ったところ、5％筋肉が肥大しました（図5）。また、ラットを使った実験では、ゆっくり動作した群のほうが、速く動作した群よりも筋肥大が認められただけでなく、前者にはマイオスタチンの減少も見られたのです。ゆっくり動作することで、筋タンパク質の合成が高まることがわかりました。

では、低負荷でも十分に筋疲労させれば筋肥大は起こるのではないか、という疑問が出てきます。そこで、ベンチプレスを75％1RMで10回3セット行った場合と、30％1RMで疲労困憊までを4セット行った場合とで比べてみました。結果的には、どちらも同じくらいの筋肥大が認められました。ただし、低負荷強度のトレーニングはとてもきつく、高強度のほうがはる

図5

30%1RM×13 reps (3 sets) でも筋肥大が起こった(高齢者)。
Watanabe, Ishii ら(2012)

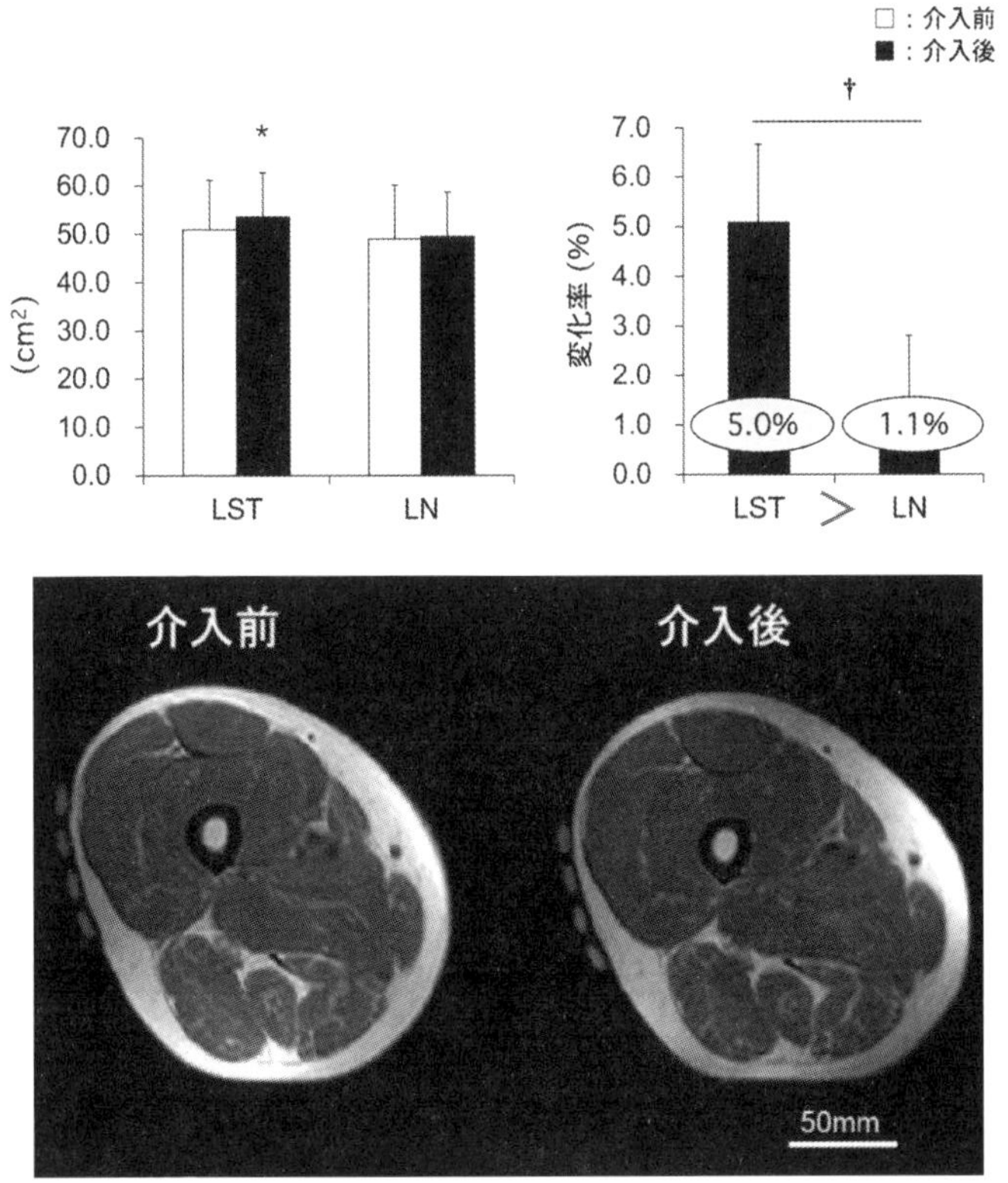

* 介入前との差(P < 0.05)
† 群間の有意差(P < 0.05)

LST ： 筋発揮張力維持スロー法(30%1RM)
LN ： 低負荷強度通常RT (30%1RM)

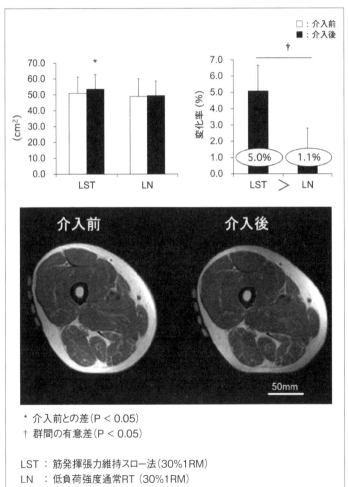

かに楽なので、元気な若者にとっては前者のほうが身体に優しいといえそうです。

また、低負荷強度の場合は、疲労に伴って速筋線維が動員されます。なるべく早く筋肉を疲労させられれば、強度を下げても大丈夫だということです。低負荷強度のトレーニングはかなりきついのですが、長時間の持久力のなかで瞬発的な力を発揮する必要があるボクシングなどの格闘技選手は、こうしたトレーニングが必要なのかもしれません。実施者の状況に応じて負荷をコントロールし、個人に合ったトレーニングメニューを工夫することが重要です。

適切なセット数と頻度にはリボソーム量が関わる?

2つ目の疑問「適切なセット数」について、1セットと3セットのタンパク質合成速度を比べると、3セットのときのほうが効果的であることがわかっています(図6)。では、より多いほうが効果的なのか、ラットを使って20セットまで実験しました。mTORシグナル伝達系のはたらきは、20セットまで上げてもどんどん上がっていきます。ところが、タンパク質合成は5セットを超えると頭打ちが来ました。つまり、セット数を増やせばいいというわけではないのです(図7)。

3つ目の問い「トレーニング頻度」に関しても同様です。ラットにそれぞれ8時間、24時間、

図6

1種目当たりの最適なセット数は?

容量（セット数）とタンパク質合成速度（ヒト）

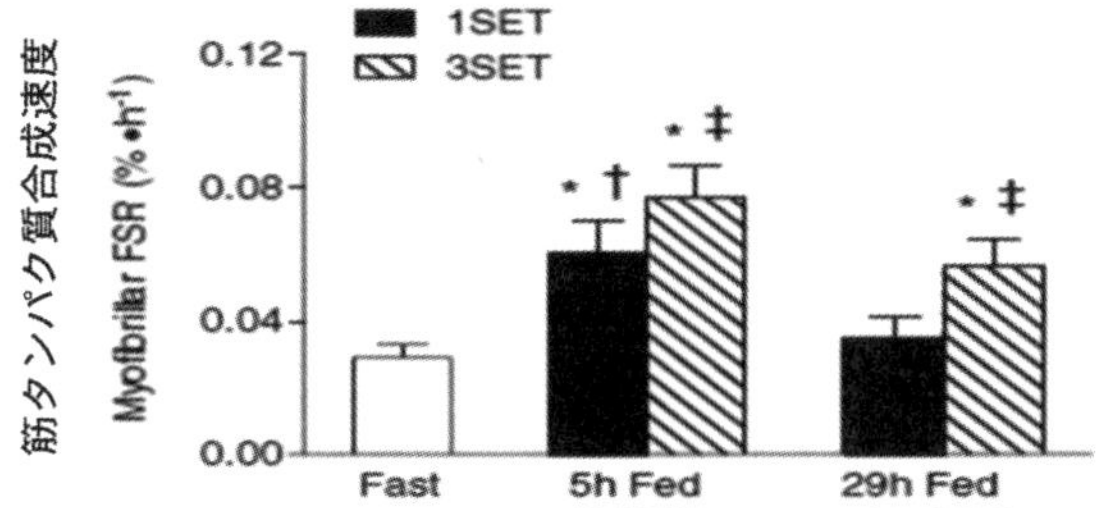

5時間後（摂餌）　29時間後（摂餌）

1セットよりは3セットの方が効果的
しかし、3セットがベストとは限らない
大容量の方がもっと良い?

Burd et al., 2010

図7

動物モデル:セット数を際限なく増やしたらどうなるか。

mTORC1経路の活性化はトレーニング容量依存的に増加するが
筋タンパク質合成は頭打ちになる

トレーニング条件：等尺性最大収縮3秒×10回（1セット）

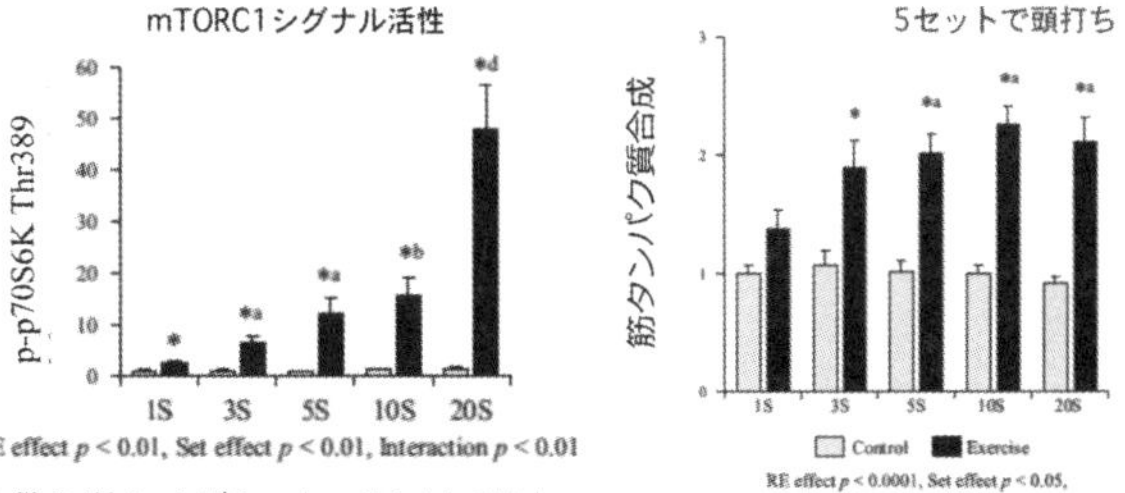

セット数を増やせばよいというわけではない
（やり過ぎのマイナス効果は小さい）
mTORC1シグナルとタンパク質合成に不整合がある　Ogasawara et al., 2017

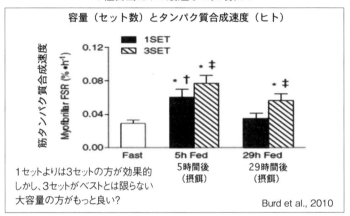

72時間おきにトレーニングを行わせてタンパク質合成を見ると、72時間のインターバルを置いたときに合成が最も進み、8時間では合成が上がりませんでした。実は、mTORシグナル伝達系は、8時間おきのときに最も上がっているのですが、命令が出ていても合成には至らないわけです（図8）。

では、なぜ翻訳のmTORシグナル伝達系がはたらいているのに、タンパク質合成がはたらかないのでしょうか。その原因は、リボソームにあるということが最近わかってきました。mTORシグナル伝達系は、リボソームのスイッチを入れることでタンパク質合成をするのですが、リボソームにははたらける限界があるのです。いくら合成の命令をたくさん出しても、合成工場であるリボソームの限界があれば、それ以上はたらくことはできません（図9）。

ただし、リボソームがトレーニングで増やせることもわかってきています。そこで、mTORシグナル伝達系の活性度とリボソームの量が、筋肥大にどう影響するかを調べてみました。mTORシグナル伝達系は、筋肥大のためには必要ですが、筋肥大率との相関はありません。一方、リボソームの量は筋肥大率との相関が高かったのです（図10）。

ラットの実験では、筋トレをするといきなりタンパク質合成が上がるのではなく、先にリボソームの量を増やす反応が起きてから、それを使ってタンパク質合成が起きるということもわかりました。つまり、効果的なトレーニングには、mTORシグナル伝達系の活性化だけでな

図8

マウス筋力トレーニングモデル(腓腹筋)における
セッション間隔と筋タンパク質合成および
mTORシグナル伝達系活性化(rpS6のリン酸化)の関係。
いずれも対照群(Control)に対する
相対値(平均値±標準誤差)で示す。
*は対照群、†は72時間群、
‡は24時間群に対する有意差を示す。
Takegaki et al., 2020より改変。

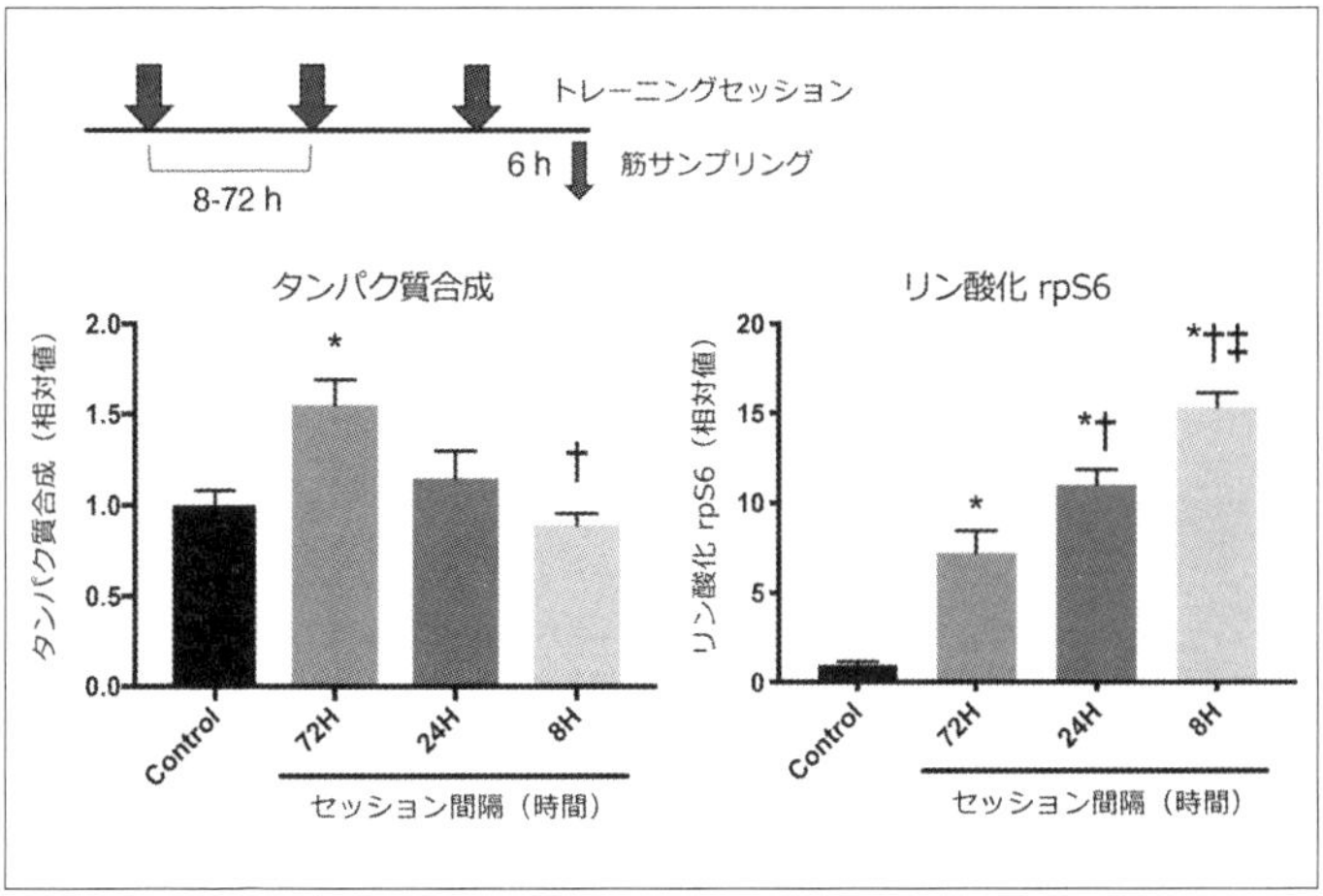

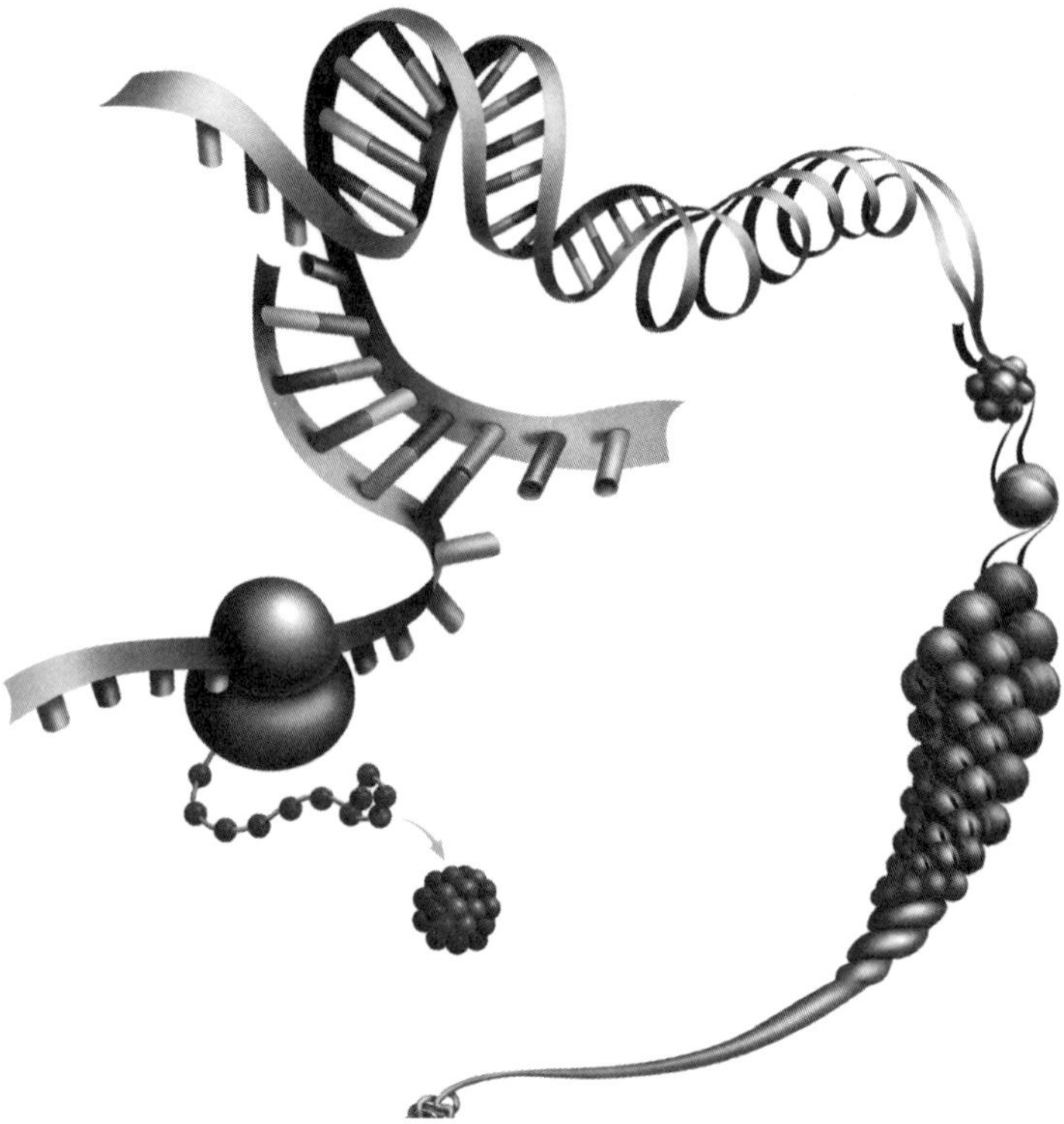

図9

タンパク質代謝とリボソーム合成。

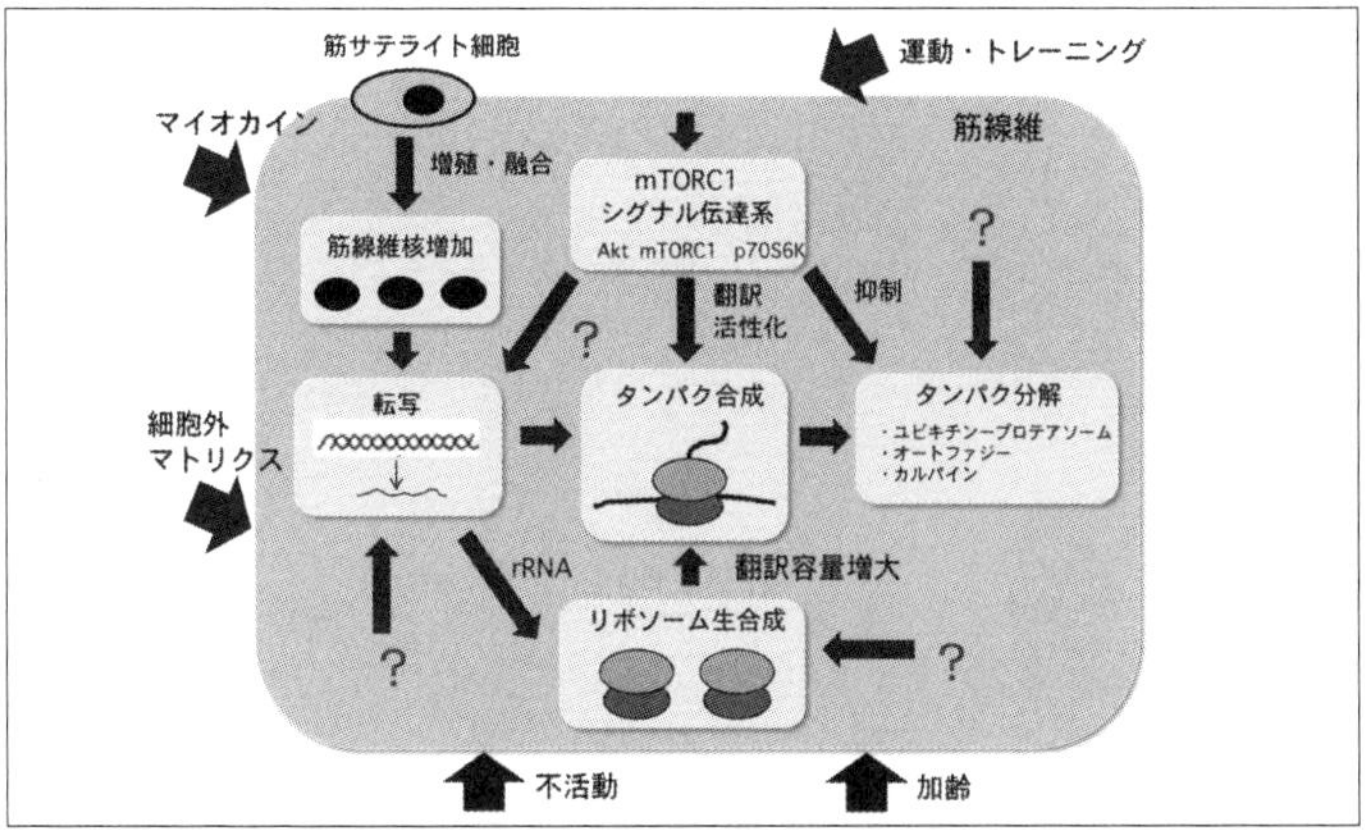

図10

タンパク質合成にはリボソーム量も深く関連する。

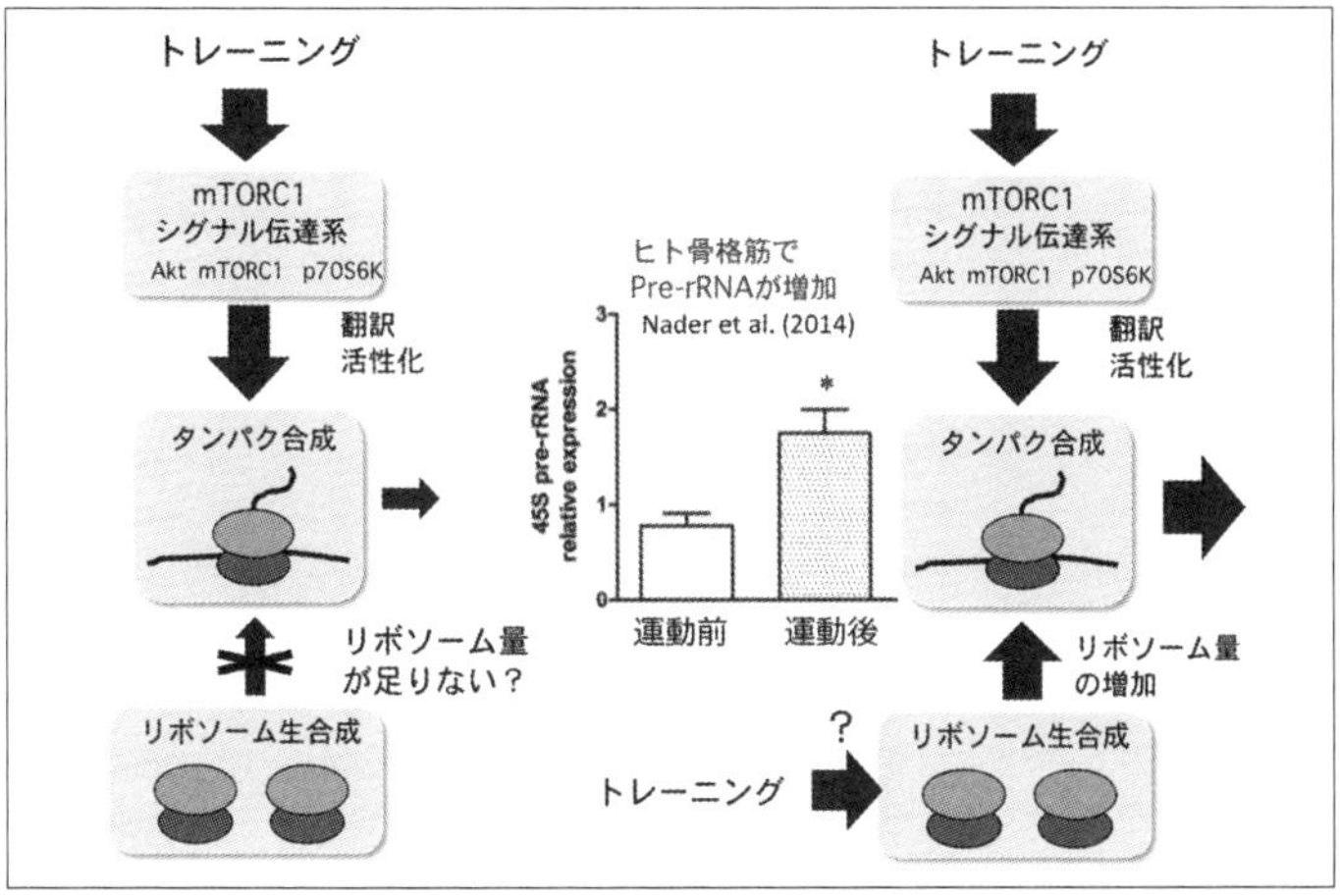

く、リボソームの量を増やすことも重要ではないかといえるのです。

まとめ

各問いの答えを簡潔に示すと、下記のようになります。

A・1　80％1RM×8回は標準法として適しているが、高負荷強度が必要条件ではなく、速筋線維が疲労さえすれば、30％RMでも効果があるといえる。

A・2　3〜5セットが最適で、それ以上行ってもタンパク質合成は行われない。ただし、やりすぎることによるマイナス要因がまだわかっていないため、今後調べる必要がある。

A・3　動物実験では72時間おき（週2回）が最適。頻度を上げすぎるとタンパク質合成が増えないため、効果は期待できない。

さまざまな実験から、トレーニング効果にはリボソーム量の調節が関わっていることがわかりました。しかし、それがmTORシグナル伝達系とタンパク質合成の不整合になっていることも事実です。

今後の課題としては、トレーニング効果にはリボソーム量の調節が関わっており、シグナル伝達活性とタンパク質合成の不整合の一因になる。トレーニングプロトコルとリボソーム生合成・分解の関係を調べる必要があると考えています。

※第14回トレーニング指導者研修・交流会　基調講演(2019年12月9日)より

あとがき

我が国で高齢者の介護予防が重要課題となった2000年代の初頭、米国ミネアポリスで開催されたストレングス&コンディショニング協会（NSCA）の総会で1時間ほどの講演をする機会がありました。演題は「低負荷強度での筋力トレーニングの有用性とその未来」というもので、まさに当時研究を進めていた筋血流制限下のトレーニングやスロー法の効果を中心に紹介しました。

ところが、聴衆の反応は総じて冷ややかで、「適切な指導を行えば高負荷強度の筋力トレーニングは高齢者でも問題ない」という頑強なポリシーさえ感じました。ただ講演後、高齢者のグループ指導を行っている運動指導者の方々が熱心に質問に来てくれたのは幸いでした。

当時、高齢者や有疾患患者を対象とする筋力トレーニングの研究の多くが高負荷強度を用いていましたので、「誰に対しても安全に高負荷強度のトレーニングを指導できること」が指導者に求められていたのでしょう。もちろんそれは重要なことなのですが、研究では高負荷強度の筋力トレーニングを行っても医学的に問題ない高齢者や有疾患患者が事前に選別されているという点が、あまり考慮されていなかったようです。

こうした流れを変えるきっかけの一つとなったのが、2010年前後に公表された、いくつかの研究です。これらの研究は、普通の低負荷強度トレーニングでも、きわめて容量を増やすことで、高負荷強度に匹敵する効果が得られることを示しました。特に、セッション直後のタンパク質合成が上昇するというミクロレベルの研究に始まり、続いて長期効果が実証されたことに意義があります。

これらの研究によって、負荷強度だけでなく、容量、頻度、セット間休息時間などのプログラム変数を見直そうという気運が生じ、本書で紹介した通り多くの研究が行われるようになりました。まだまだ十分な成果が得られているわけではありませんが、見えてきたものは「プログラムの多様化」だと思います。

まさに多様性を重視する時代にふさわしいといえますが、多様性は時としてカオスにつながります。そうならないためには、生理学的原理やメカニズムの理解が不可欠となるでしょう。本書がそのための一助になれば幸いです。

最後になりましたが、本書の刊行にあたりご尽力いただいた特定非営利活動法人日本トレーニング指導者協会と光成耕司氏に心より感謝いたします。

2023年5月　石井直方

索引

あ

か

さ

ま

や

ら

英字

参考文献

chapter 0

- Fleck SJ, Kraemer WJ. Designing resistance training programs. Human Kinetics Books, Champaign Ill, Chicago, USA, 1987.
- Lee J, Kim D, Kim C. Resistance training for glycemic control, muscular strength and lean body mass in old type 2 diabetic patients: A meta-analysis. Diabetes Ther., 8, 459-473, 2017.
- Ogasawara R. Effects of periodic and continued resistance training on muscular size and function. Thesis. Graduate School of Frontier Science, The University of Tokyo, 2012.

chapter 1

- Tanimoto M, Ishii, N. Effects of low-intensity resistance exercise with slow movement and tonic force generation on muscular function in young men. J. Appl. Physiol., 100, 1150-1157, 2006.
- Ogsawara R . et al. The role of mTOR signaling in the regulation of skeletal muscle mass in a rodent model of resistance exercise. Scientific Reports, 6, 31142, 2016.

chapter 2

- Kumar, V. et al. Age-related differences in the dose-response relationship of muscle protein synthesis to resistance exercise in young and old men. J. Physiol., 587, 211-217, 2009.
- 矢部京之助. 人体筋出力の生理的限界と心理的限界,杏林書院,1976.

chapter 3

- Burd, N. A. et al. Low-load high volume resistance exercise stimulates muscle protein synthesis more than high-load low volume resistance exercise in young men. PLoS ONE, e12033, 2010.
- Burd, N. A. et al. Muscle time under tension during resistance exercise stimulates differential muscle protein sub-fractional synthetic responses in men. J. Physiol., 590. 351-362, 2012.
- Mitchell, C. J. et al. Resistance exercise load does not determine training-mediated hypertrophic gains in young men. J. Appl. Physiol., 113, 71-77, 2012.
- Ogasawara, R. et al. Low-load bench press training to fatigue results in muscle hypertrophy similar to high-load bench press training. Int. J. Clin. Med., 4,114-121, 2013.
- Tanimoto, M., Ishii, N. Effects of low-intensity resistance exercise with slow movement and tonic force generation on muscular function in young men. J. Appl. Physiol., 100, 1150-1157, 2006.

- Takarada, Y. et al. Effects of low-intensity resistance exercise combined with vascular occlusion on muscular function in humans. J. Appl. Physiol., 88, 2097-2106, 2000.
- Watanabe, Y. et al. Effect of very low-intensity resistance training with slow movement on muscle size and strength in healthy older adults. Clin. Physiol. Funct. Imaging, 34, 463-470, 2014.

chapter 4

- Kawada, S. and Ishii, N. Skeletal muscle hypertrophy after chronic restriction of venous blood flow in rats. Med. Sci. Sports Exerc., 37, 1144-1150, 2005.
- Ochi, E. et al. Elevation of myostatin and FOXOs in prolonged muscular impairment induced by eccentric contractions in rat medial gastrocnemius muscle. J. Appl. Physiol., 108, 306-313, 2010.
- Ochi, E. et al. Time course change of IGF-1/Akt/mTOR/p70S6K pathway activation in rat gastrocnemius muscle during repeated bouts of eccentric exercise. J. Sports Sci. Med., 9, 170-175, 2010.
- Tanimoto, M. et al. Muscle oxygenation and plasma growth hormone concentration during and after resistance exercise: Comparison between "KAATSU" and other types of regimen. Int. J. KAATSU Tr. Res., 1, 51-56, 2005.

chapter 5

- Burd, N.A. et al. Resistance exercise volume affects myofibrillar protein synthesis and anabolic signaling molecule phosphorylation in young men. J. Physiol., 588, 3119-3130, 2010.
- Krieger, J.W. Single vs, multiple sets of resistance exercise for muscle hypertrophy: A meta-analysis. J. Strength Condition. Res., 24, 1150-1159, 2010.
- Ogasawara, R. et al. Relationship between exercise volume and muscle protein synthesis in a rat model of resistance exercise. J. Appl. Physiol., 123, 710-716, 2017.
- Sooneste, H. et al. Effects of training volume on strength and hypertrophy in young men. J. Strength Condition. Res., 27, 8-13, 2013.

chapter 6

- De Salles, B.F. et al. Rest interval between sets in strength training. Sports Med., 39, 765-777, 2009.
- McKendry, J. et al. Short inter-set rest blunts resistance exercise-induced increases in myofibrillar protein synthesis and intracellular signaling in young males. Exp. Physiol., 101, 866-882, 2016.

● Schoenfeld, B.J. et al. Longer interset rest periods enhance muscle strength and hypertrophy in resistance-trained men. J. Strength Condition. Res., 30, 1805-1812, 2016.
● 石井直方. 骨格筋系、神経系、内分泌系と運動. "トレーニング指導者テキスト[理論編]", 日本トレーニング指導者協会編, pp 97-110, 大修館書店,2009.

chapter 7

● Grgic, J. et al. Effect of resistance training frequency on gains in muscular strength: A systematic review and meta-analysis. Sports Med., 48, 2017-1220, 2018.
● Saric, J. et al. Resistance training frequencies of 3 and 6 times per week produce similar muscular adaptations in resistance-trained men. J. Strength Cond. Res., 33, Supple 1, S122-S129, 2019.
● Takegaki, J. et al. Influence of shortened recovery between resistance exercise sessions on muscle-hypertrophic effect in rat skeletal muscle. Physiol. Rep., 7, e14155, 2019.
● Takegaki, J. et al. The distribution of eukaryotic initiation factor 4E after bouts of resistance exercise is altered by shortening of recovery periods. J. Physiol. Sci., 70, 54-65, 2020.

chapter 8

● Bruusgaard, J.C. et al. Myonuclei acquired by overload exercise precede hypertrophy and are not lost on detraining. Proc. Natl. Acad. Sci., 107: 15111-15115, 2010.
● Egner, I.M. et al. A cellular memory mechanism aids overload hypertrophy in muscle long after an episodic exposure to anabolic steroids. J. Physiol., 591, 6221-6230, 2013.
● Ishii, N. et al. Roles played by protein metabolism and myogenic progenitor cells in exercise-induced muscle hypertrophy and their relation to resistance training regimens. J. Phys. Fitness Sports Med., 1, 83-94, 2012.

chapter 9

● Ogasawara, R. et al. mTOR signaling response to resistance exercise are altered by chronic resistance training and detraining in skeletal muscle. J. Appl. Phyiol., 114, 934-940, 2013.
● Ogasawara, R. et al. Comparison of muscle hypertrophy following 6-month 3 of continuous and periodic strength training. Eur. J. Appl. Physiol., 113, 975-985, 2013.

chapter 10

- Nakada, S. et al. Correlation between ribosome biogenesis and the magnitude of hypertrophy in overloaded skeletal muscle. PLoS ONE, 11, e047284, 2016.
- Kotani, T. et al. Consecutive bouts of electrical stimulation-induced contractions alter ribosome biogenesis in rat skeletal muscle. J. Appl. Physiol., 126, 1673-1680, 2019.
- Kotani, K. et al. Repeated bouts of resistance exercise in rats alter mTORC1 activity and ribosomal capacity but not muscle protein synthesis. Exp. Physiol., 106, 1959-1960, 2021.
- Yoshihara, Y. et al. Exercise preconditioning attenuates hind limb unloading-induced gastrocnemius muscle atrophy possibly via the HDAC4/Gadd45 axis in old rats. Exp. Gerontol., 122, 31-41, 2019.

chapter 11

- Kotani, T. et al. Consecutive bouts of electrical stimulation-induced contractions alter ribosome biogenesis in rat skeletal muscle. J. Appl. Physiol., 126, 1673-1680, 2019.
- Kotani, K. et al. Repeated bouts of resistance exercise in rats alter mTORC1 activity and ribosomal capacity but not muscle protein synthesis. Exp. Physiol., 106, 1959-1960, 2021.
- Ogasawara, R. et al. Relationship between exercise volume and muscle protein synthesis in a rat model of resistance exercise. J. Appl. Physiol., 123, 710-716, 2017.

chapter 12

- Hatanaka, S. and Ishii, N. Proposal and validation of mathematical model for resistance training. J. Phys. Fitness Sports Med., 10, 109-118, 2021.
- Hatanaka, S. and Ishii, N. The effect of resistance training mainly depends on the mechanical activation of the fast-twitch fiber. J. Phys. Fitness Sports Med., 11, 295-303, 2022.

著者略歴――――

石井直方（いしい・なおかた）

1955年生まれ。77年東京大学理学部卒業、82年東京大学大学院理学系研究科博士課程修了。理学博士。82年東京大学理学部助手、91年東京大学教養学部助教授、99年東京大学大学院総合文化研究科広域科学専攻生命環境科学系教授を経て、2020年東京大学名誉教授。1987～88年日本学術振興会特定国派遣研究者（英国オックスフォード大学）。身体運動科学、筋生理学、トレーニング科学を専門に、力学的環境に対する骨格筋の適応のメカニズム、及びその応用としてのレジスタンストレーニングの方法論、健康や老化防止等の研究に従事している。81、83年ボディビル日本選手権優勝、81年世界選手権第3位、82年ミスターアジア優勝など、競技者としても輝かしい実績を誇る。著書に『レジスタンストレーニング』（ブックハウスHD）、『分子運動生理学入門』（NAP）、『筋肉まるわかり大事典（1、2）』(ベースボール・マガジン社)、『筋肉学入門』(講談社)、『スロトレ完全版』（高橋書店）など多数。NSCAジャパン元理事長、東京大学先端科学研究拠点初代拠点長、93年日本比較生理生化学会吉田奨励賞受賞。日本トレーニング指導者協会参与。

筋生理学で読みとく

トレーニングの科学

2023年6月29日　第1刷発行

著　　者　石井直方
デザイン　山﨑裕実華
発 行 者　碇　高明
発 行 所　株式会社 草思社
〒160-0022　東京都新宿区新宿1-10-1
電話　営業 03(4580)7676　編集 03(4580)7680
印 刷 所　中央精版印刷 株式会社
製 本 所　加藤製本株式会社

ISBN978-4-7942-2655-6 Printed in Japan　検印省略